Simple Stories, Precious Facts

生命日記

最簡單的故事，最珍貴的啓示

戴韋珍※編著

時間可以證明「愛」的重量，瞬間地説出「我愛你」，卻需要一生來證明、奉

愛情的美好，在於它的**純潔**、**堅貞**和**偉大**，

在於它不摻雜任何**功利**的成分，**不純潔**的愛情不會長久

真愛之旅必定是**充實**、**純樸**、**溫馨**、**浪漫**又**堅固**的，

吸引愛情更多的是 **真情** 。

培育文化
人與人 54

生命日記：最簡單的故事，最珍貴的啟示

編著　戴韋珍
責任編輯　林美娟
美術編輯　林子淩
封面/插畫設計師　蕭若辰

出版者　培育文化事業有限公司
信箱　yungjiuh@ms45.hinet.net
地址　新北市汐止區大同路3段194號9樓之1
電話　（02）8647-3663
傳真　（02）8674-3660
劃撥帳號　18669219
CVS代理　美璟文化有限公司
TEL／(02)27239968
FAX／(02)27239668

總經銷：永續圖書有限公司
永續圖書線上購物網
www.foreverbooks.com.tw

法律顧問　方圓法律事務所　涂成樞律師
出版日期　2013年11月

國家圖書館出版品預行編目資料

生命日記 : 最簡單的故事,最珍貴的啓示 / 戴韋珍
編著. -- 初版. -- 新北市 : 培育文化, 民 102.11
面 ; 公分. -- (人與人系列 ; 54)
ISBN 978-986-5862-19-0(平裝)
1.人生哲學 2.通俗作品
191.9　102018739

前言

人生就像是一塊肥沃的土地，它既種植希望和成功，也會播種仇恨。但你要記住，最好不要在人生中播散這種仇恨的種子。生活的經驗告訴我們，不管我們的理由如何，懷恨總是不值得的。潛留在我們內心裡的侮辱，永難平復的創傷，都能損壞我們生活中的許多可愛的事物。我們被鎖在自己的苦惱深淵裡，甚至無法爲別人的幸運而愉快。怨恨就像毒害我們的血液、細胞的毒素一樣，影響、侵蝕我們的生命。

有位朋友曾接到一封愛發牢騷的親戚寫來的信，他說：「我永遠記得，我新婚的嫂嫂和哥哥在我的生日那天一同外出旅行，而沒有對我說一句祝賀生日的話。」這句話的言語之中就埋著仇恨的種子，而他通常也是毒害你身體的毒藥的種子。

頭痛、消化不良、失眠和嚴重的疲倦等，是懷恨的人常有的生理症狀。某醫學院曾做過一次調查，報告中說：與心情較爲愉快的人相比，心存怨恨的人更經常進醫院。醫務人員所做的試驗顯示，患心臟病的人常常不是工作辛勞的人，而是抱怨工作辛勞的人；最足以引起高血壓的原因，莫過於外表好像很安靜，內心裡卻被強烈的怨恨所煎熬。

怨恨甚至會造成意外事件。交通問題專家說：「發怒的時候不要開車。」心裡總是惦記著丈夫如何不懂體貼的婦女，比起那些心裡毫無雜念的婦女，更容易在家裡發生意外事件。

另一方面，愛與同情則有激發活力的作用。正如一位健康學博士所說：「寬宏大量乃是一服良藥。」

與怨恨情緒作戰的第一步，便是先要確定怨恨情緒的來源。如果我們能坦白地檢討，十次之中有九次，我們會發現其來源是很接近於自己這方面的。忽略自己的缺陷與弱點，乃是人之常情；在任何可能的時候，我們總會把自己的短處變成別人的錯處，而後加以無以名狀的怨恨。例如，在每一個離婚案件中，幾乎很明顯的，所謂無辜的一方往往並不如其所描述的那般無辜。

「這是很奇怪的現象」，心理學家說，「我們自己的過錯好像比別人的過錯要輕微得多。我想，這是由於我們完全瞭解有關犯下錯誤的一切情形，於是對自己多少會心存原諒，而對別人的錯誤則不可能如此。」

怨恨的根由發現了之後，勿須盡全力去對付之，最好的辦法是——忘記它。有理智的人並不僅以把宿怨掏乾爲滿足，他們還經常用新的夢想和熱誠，塡進他們生活中的空地。據心理學家說，我們不能同時擁有兩種強烈的情感，既要愛又要恨，那是不可能的。怨恨大部分是以自我爲中心的，所以要想忘記自己，最好的方法便是幫助別人。

在幫助別人之後，我們會發現在這個世界，善意總是多於惡意的。一所大學的研究結果，顯示一種真正以友誼待人的態度，百分之六十五到九十的高比率，是可以引起對方友誼的反應的。因此，人們常說：「愛產生愛，恨產生恨。」這句老話是不會錯的。愛起來，歡天喜地；恨起來，烏雲滿天。愛與恨是最難節制的感情，常使人喪失重心和理智，愛使人仁慈、寬厚，恨使人怨憤、偏執。其實，人生的土壤上，眾生的心田中，不該有恨的影子和位置。

CHAPTER 01

你幸福就是我幸福

CHAPTER 02

愛情的價值

CHAPTER 03

擁有與失去

CHAPTER 04

把失敗當提名獎

你幸福就是我幸福

Simple Stories, Precious Facts

他曾深愛過她，可是她最終卻離他而去。

她很幸福，丈夫一開始便對她的喜好瞭若指掌，懂她的心思，這讓她更加愛他，最終也因此而嫁給了他。她逐漸淡忘了那個男孩，沉浸在幸福美滿的生活裡。

若非那次車禍，她也許不會再想起他。丈夫帶她去看望那個他時，他已氣息奄奄。當他看見她時，失血的臉上露出了笑容，而她卻忍不住想哭。

那晚，他走了。走得那樣匆忙，匆忙得沒有來得及說一句話。

那晚，丈夫異常沉痛，一直沉默

著。

良久，丈夫對她說，世上仍有個男人對妳的愛是誰也無法超越的。她愣住了，不懂丈夫怎麼突然說出這話。是在說他嗎？她當然知道他依然在愛著她，可他早已從她的生活裡退出了呀！

丈夫掐滅煙頭說，如果不是他，也許我們還要走一段很坎坷的路。當她得知在她拒絕他後，他曾找過丈夫，告訴他關於她的喜好，叮囑他要好好地愛她時，她淚如雨下。她不知道她的幸福生活後面一直有一雙默默祝福的眼睛。

愛不一定是佔有和獲得。真正的愛是在對方遠去的時候而依然為對方默默祝福。這種愛令人銘刻於心，愛的偉大在於真情的付出。

地老天荒的愛

一位作家生病住院，朋友去探望她。朋友去時，她的病房裡剛來了一位七十多歲的老太太，照顧老太太的是比她還大幾歲的老伴，她不明白她身旁爲何沒有兒女，老太太說兒女不會照顧人，不如老伴知冷知暖。他們配合得那樣默契，老太太不用言語，一個小動作，一個輕微的眼神，老伴就明白她要幹什麼或需要什麼，並做出相應的舉動。他們沒有太多的話，目光裡傳遞著溫馨的關照，他們是解放那年結婚的，平淡溫馨之中度過了半個多世紀。

大家都羨慕地望著他們，誰說這世上沒有地老天荒海枯石爛的愛情？

之後聽這位朋友說，到了晚上老頭子找護士要求換個單間病房。護士和她都感到不解，護士想老太太的病情晚上完全可以自理，不需要她老伴的陪同，即使出現什麼意外症狀也有值班醫生。她想他們都老頭子老太太了，不會到一個晚上都不能分開吧！最後老太太指著老伴說：「我睡覺時腿要搭到他腿上，結婚五十多年了從新婚到現在夜夜如此，我腿不搭到他腿上就睡不著覺！」老頭子老太太都有些不好意思，朋友和護士都感動了。

當夜，醫院沒有單間病房，作家主動搬了出來，在她似乎淡淡地講述這件事時，她的眼角滾動著淚水。

所謂的天荒地老、海枯石爛的愛就是這樣吧！這種相守、堅貞、堅韌的愛，值得年輕人好好學習。

墓碑上的愛

有一種忠貞永遠朝氣蓬勃。

英國的馬歇丘雪斯郊外有塊墓碑，上面居然刻著一則徵婚廣告：「約翰・費德斯頓，死於一八〇八年八月十日，他很爲他的遺妻悲傷，極希望有情人去安慰她。她很年輕，芳齡三十六歲，她具有一切好妻子的美德。她的住址是本地教堂街四號。」天！死者居然在爲生者徵婚，這難道不是一個最偉大的奇蹟！費德斯頓先生已經永遠永遠睡著了，但他的愛卻穿透了長夜，永遠閃爍著迷人的光輝！

另有一種呵護永遠驚心動魄。

比如蘇格蘭商人海密斯的墓碑上就赫然刻著：「海密斯・大衛長眠於此，他哀傷的妻子繼承了他經營過的水果店，店址在十一號高速公路，每日營業到晚上八時。」

無疑，該遺囑傳達的是，請關照關照這位哀傷的女人吧！果然，凡是看到這個廣告的人，都會油然而生憐憫之心，並決定儘快光顧這家小店，以自己的購買行爲幫她一把！

中國古時有個窮秀才，相依爲命的妻子不幸病故。一想到妻子跟隨自己受苦受窮勞累一生，秀才總會深感不安，於是爲亡妻寫了一幅輓聯，聯曰：「苦我今朝，幸有薄命糟糠，猶歸天上；勸卿來世，未遇封侯夫婿，莫到人間。」意思是說，今生未能讓您榮華富貴，我深深歉意，如果真有來生，請千萬嫁個有錢有勢的人。

不料，就在秀才含淚整理妻子的遺物時，居然發現了一幅妻子在重病期間早已寫好的對聯，聯曰：「我別良人去也，大丈夫何患無妻，願他時重結連理，莫向新妻言舊婦；子依嚴父傷哉，小孩兒終當有母，倘他日得蒙撫養，須把繼母當親娘。」顯然，上聯是勸丈夫「必須再娶」的，下聯是勸幼子「節哀聽話」的——其寬厚，其溫暖，其責任心，的確讓人感動。

長眠在地下的人仍然能令生者心中無限澎湃和感慨，令溫暖的火花安慰冰冷的心靈，令悲傷的人湧起無限的勇氣和希望。愛，也的確只有愛才能做到！

愛的「重量」

從前有一個小島，上面住著快樂、悲哀、知識和愛，還有其他各類情感。

一天，情感們得知小島快要下沉了，於是，大家都準備船隻，打算離開小島。只有愛留了下來，她想要堅持到最後一刻。

過了幾天，小島真的要下沉了，愛想請人幫忙。

這時，富裕乘著一艘大船經過。

愛說：「富裕，你能帶我走嗎？」

富裕答道：「不，我的船上有許多金銀財寶，沒有你的位置。」

愛看見虛榮在一艘華麗的小船上，說：「虛榮，幫幫我吧！」

「我幫不了你，你全身都濕透了，會弄壞了我這漂亮的小船。」

悲哀過來了，愛向她求助：「悲哀，讓我跟你走吧！」

「哦……愛，我實在太悲哀了，想自己一個人呆一會兒！」悲哀答道。

快樂走過愛的身邊，但是她太快樂了，竟然沒有聽到愛在叫她！

突然，一個聲音傳來：「過來！愛，我帶你走。」

這是一位知識長者。愛大喜過望，竟忘了問他的名字。登上陸地以後，長者獨自走開了。

愛對長者感恩不盡，問另一位知識長者：「幫我的那個人是誰？」

「他是時間。」知識老人答道。

「時間？」愛問道，「爲什麼他要幫我？」

知識老人笑道：「因爲只有時間才能理解愛有多麼偉大。」

時間可以證明「愛」的重量，瞬間地說出「我愛你」，卻需要一生來證明、奉獻。

留下空間

傑在上海某大學讀書時與娟產生了愛情。畢業後，終因地理原因，娟割斷了他們的愛情線。傑曾因此大病了一場。

兩年後，年過三十的傑經親友介紹，認識了慧，匆匆地舉行了婚禮。於是，這段過去的戀情成了傑心裡的「情感隱私」。

新婚第二天，當傑準備陪同慧回娘家之時，郵遞員送來了一封信。信是娟的一個同學寫來的，她告訴傑：「最近，我見到了娟，她現在醒悟到地理因素對於愛情來說是多麼微不足道。兩年來，她一直思念著你，她發現，你在她心中的地位，是誰也不能取代的。這幾天她要出差到你所在的城市，可能會直接去找你，希望你們能和好如初……」頓時，傑的眼睛模糊了，眼前的慧恍惚變成了娟。他找了個藉口，讓慧獨自回娘家，全然不顧此舉會給他們的新婚帶來什麼後遺症。

慧提前從娘家回來，發現丈夫酩酊大醉地倒在床上，枕邊擱著一封信。看了信，慧無聲地哭了。去譴責傑嗎？替傑設身處地地想一想，她能理解他的懊悔和痛苦。如果當初他鍥而不捨地追求，何至於造成今天的痛楚？而現在，傑既負有對這個新家庭不可推卸的義務和責任，又對遠方的娟懷有至死不泯的愛。該詛咒娟嗎？她可是不知道傑的近況呀，作爲女人，慧更能體諒娟的苦衷。慧把信放回原處，替丈夫蓋好被子，默默地在他身邊坐了好久，好久。

知道了丈夫的「情感隱私」後，慧更加溫柔體貼，關心傑，從不當面揭穿傑的「祕密」。

幾天後，當慧上完夜班回家不久，娟上門來了。慧熱情地接待她，備好一桌豐盛的午餐招待娟。

飯後，她又藉口要去上班離開家，好讓這對舊戀人有機會好好談談。望著妻子疲倦的面容，傑的心深深地感動了。他明白妻子的一片心意。當慧的身影完全消失了的時候，娟真誠而又感慨地對傑說：「你有一個多好的妻子！」

不久，娟在傑夫婦倆的熱心幫助下，終於找到了一個如意郎君。

寬容是處理夫妻隱私的最好辦法，誰都有過去，何必讓其影響現在的生活呢？當你主動去承擔部分責任，反而會促使他（她）猛醒：「這全是我的錯，我一定改！不關你的事！」善解人意的女子和寬宏大度的男人都應該這樣，生活才會多一些快樂！

不放色狼進來

丈夫常通宵達旦地在外打牌，妻子痛苦不堪。女友道出一招，勸其一試。

某夜，丈夫中途回家取錢，敲門喊道：「開門，我是你老公！」

妻子呸一聲：「你以為裝成我老公，我就放你這色狼進來？」

丈夫急了：「我真的是妳老公！」

妻子大吼：「快滾，我老公從不這麼早回家，你再不滾，我報警了！」丈夫氣得跳腳狂罵，無可奈何只得走開。挨到凌晨三、四點鐘才得以敲門入內。

一進門，妻子即說：「你終於回來了。十一點左右有個壞人想冒充你混進來佔便宜，被我罵走了。」

丈夫餘怒未消，氣呼呼地說道：「我看妳是睡昏了頭，連我的聲音也聽不出來？」

妻子問：「那昨天、前天也是你敲的門？」

丈夫一驚：「有這等事？」

丈夫埋伏在家，一心等待機會打擊流氓犯罪，誰知苦等三個晚上均風平浪靜，便問妻子：「那傢伙爲什麼不露面？妳該不是神經過敏吧？」

妻子說：「鍾馗在，鬼還敢上門嗎？你想想，把我孤單單一人丟在家，不是給壞人可乘之機？我提心吊膽擔驚受怕地過日子，總有一天會成精神病的！」

丈夫一想有道理，於是晚上很少獨自外出，家庭生活從此又得安寧。

妻子感謝女友幫了大忙，問其如何想出這一絕招？女友笑答：「實踐出真知。」

夫妻拆招，不妨智取。技高一籌，夫妻自然和諧美滿。

蘇格拉底的婚姻觀

著名的哲學家蘇格拉底娶了一個非常兇悍的妻子，當時人盡皆知。

有一天一名學生來向他請教說：「老師，我打從心裡想要成家，但實不相瞞，看到您的處境，我實在沒有足夠的勇氣結婚，您說這該怎麼辦呢？」蘇格拉底說：「無論你是想結婚還是抱獨身主義觀點都無所謂，只要是選擇自己所喜歡的路去走就對了。」這名學生聽了老師的話後滿意地點點頭，正要轉身離開的時候，又聽到蘇格拉底從背後傳來一句：「反正不管走哪條路到最後都是會後悔的。」這位學生一聽立即又轉身回來，不解地問道：「老師！您不如明說好了，究竟是結婚好，還是不結婚好？因爲我實在弄不懂您剛才所說的話。」蘇格拉底說：「那麼你究竟想不想結婚呢？」學生回答說：「我當然想啦！但是，您剛才……還有因爲師母……」蘇格拉底神色自若地說：「結婚是絕對必要的，假使你娶到賢妻會得到幸福，如果不幸討到一個惡婆娘，則可以成爲一位哲學家。」

婚姻不是墳墓，也不是賭注，婚姻是馬拉松，有激情還要有毅力。結婚也許你會後悔一時，但不會後悔一輩子。兩個人如果好好地愛所愛的人，好好地做出一番事業，才是最幸福的。

擦背

父親最近精神不好，一上床鼾聲如雷，白天、晚上都如此，很影響他的睡眠。他提議帶父親去醫院看看，這個年齡嗜睡，可能是老年癡呆症的前兆。父親不肯，說他沒病。

父親在鄉下窮了一輩子，兒子把他接到城裡與兒子一起生活，沒讓他爲柴米油鹽操一點心。爲買房子，兒子欠了一屁股債，這都得靠他拼死拼活賺稿費慢慢還。還不到三十歲，他的頭髮就開始脫落，這都是用腦過度、睡眠不足造成的。作爲兒子，他對父親唯一的要求就是他「不打鼾該多好」。

父親每天給他做飯，吃完後讓他好好睡，然後就出去。有天，他隨口問父親：「最近在做什麼？」父親一愣，支吾說：「沒幹什麼。」他突然發現父親皮膚比原先白了，人卻瘦了，他夾些肉放進父親碗裡，讓他增加營養。父親說，他是「精壯」，身體棒著呢。

轉眼到了年底，兒子應邀爲朋友廠裡專訪。朋友請他吃晚飯，飯畢，隨大家到街上浴室洗澡。霧氣繚繞的浴室邊，一個擦背工正在一位肥碩軀體上剛柔並濟地擦著。與肥碩的浴客相比，擦背工更像一隻瘦弱的蝦米。就在那人結束工作，轉身去更衣室領取報酬時，他們目光相遇。「啊！爸爸！」他失聲叫出來，嚇得所有浴客都把目光投向他們，包括他的朋友。

朋友驚訝地問：「真是你父親嗎？」

他說：「是。」回答得很響亮，因爲他沒有一刻比現在更理解父親了，他明白父親爲何在白天睡覺，他與兒子一樣晝伏夜出啊！可是他深夜沉迷於寫作，竟未留意父親房間沒有鼾聲！

他隨父親到更衣室。父親從那浴客手裡接過三百塊錢，開心告訴他：「這裡是鬧市區，浴室整夜開放，生意很好。我已積賺一萬多塊，想幫你早點把債還上。」一旁遞毛巾的服務生對他說：「你爸爲你寫好文章睡好覺，白天就在這些客座上躺一躺，唉，都是爲兒爲女喲……」

他心情沉重地回到浴池。父親不放心地追進來。父親問：「孩子，想什麼呢？」他說：「我想，讓我爲您擦一次背……」

「好吧，我們倆互相擦擦。你小時常幫我擦背呢！」

父親以享受的表情躺下。他雙手朝聖般拂過父親條條隆起的胸骨，猶如走過一道道愛的山岡。

父愛如山般偉岸、沉默、堅強。常憶兒時坐在父親肩頭，父親用粗糙的手牽著我們蹣跚學步。那雙手捧滿了愛，可是，它還會那麼寬厚嗎？

母親眼裡的出息

一九五三年的一天，史達林在豪華的克里姆林宮裡接待了垂暮的母親。母親老了，在她昏花的眼睛裡，對兒子領導下的蘇聯幾乎是一無所知。於是，便有了下面的對話。

母親問：「約瑟夫，你現在究竟當了什麼官？」

史達林答：「你還記得沙皇嗎？我現在差不多就是沙皇了。」

母親大笑，然後說：「其實我想讓你當個神父。」

在一個純樸的母親眼裡，一個神父與一個國家的最高領導沒有什麼兩樣，同樣都有出息。

當年，哈里・杜魯門首次參加競選並一舉成功，成了美國總統。鄉親們興奮地向他的母親祝賀：「太好了！您真應該爲有這樣的孩子而自豪！」他的母親微笑著平和地說：「我還有一個同樣值得自豪的孩子，他正在農地裡收成馬鈴薯。」

在一個純樸的母親眼裡，一個正在農地裡收馬鈴薯的孩子與一個當選爲美國總統的孩子沒有什麼兩樣，同樣都值得自豪。

在許許多多純樸母親的眼裡，一個長大成人的孩子是不是有出息，是不是值得自豪，並不僅僅取決於這個人是不是輝煌，而是更取決於這個人是不是努力和高尚。母親眼中的孩子，有沒有出息就在於能不能令人自豪，努力地做著喜愛的工作，能生活得很好；並沒有要求兒女們耀眼的輝煌和成就，只要求兒女全力以赴地向前走。

一個半朋友

從前有一個仗義的人，廣交天下豪傑義士。臨終前對他兒子講，別看我自小在江湖闖蕩，結交的人如過江之鯽，其實我這一生就交了一個半朋友。

兒子納悶不已。他的父親就貼在他的耳朵邊交代一番，然後對他說，你按我說的去見見我的這一個半朋友，朋友的要義你自然就會懂得。

兒子先去了他父親認定的「一個朋友」那裡，對他說：「我是某某的兒子，現在正被朝廷追殺，情急之下投身你處，希望予以搭救！」這人一聽，容不得思索，趕快叫來自己的兒子，喝令兒子速速將衣服換下，穿在了眼前這個並不相識的「朝廷要犯」身上，而自己兒子卻穿上了「朝廷要犯」的衣服。

兒子明白了：在你生死攸關時刻，那個能為你肝膽相照、甚至不惜割捨自己親生骨肉搭救你的人，可以稱做你的一個朋友。

兒子又去了他父親說的「半個朋友」那裡，抱拳相乞把同樣的話敘說了一遍。這「半個朋友」聽了，對眼前這個求救的「朝廷要犯」說：「孩子，這等大事我可救不了你，我這裡給你足夠的盤纏，你遠走高飛快快逃命，我保證不會告發欽官……」

兒子明白：在你患難時刻，那個能夠明哲保身、不落井下石加害你的人，也可稱做你的半個朋友。人生得一知己足矣，斯世當以手足視之。廣泛結交朋友，但不苛刻奢望朋友都給你同樣的回報。

善待他人和他人善待你是兩碼事，給予不一定要求回報。給予你幫助的人通常是會再幫助你的人，你幫助過的人則不一定會幫你。

情感鈴聲

有一對夫婦，丈夫留學美國，妻子留守在家。由於電話費用昂貴，這對夫婦溝通的成本也就很高。後來，他們想到了一個既省錢又能保證每天都溝通的辦法。

他們約定：當電話鈴響一聲就掛斷，其含義是：我想你；當電話鈴響兩聲就掛斷，含義是：我很好，請放心；當電話鈴響三聲掛斷，含義是：我的信件寄出，注意查收；鈴響三聲以後還不掛斷，代表我確實有話要說，請接電話。聽著鈴聲也是一種幸福，這種暗語只有相愛的人才會知道和理解。

有些愛在外人眼中可能完全不瞭解，然而在對於相愛的兩個人來說，這種愛它維繫著感情，承載著無限的思念。

體諒

妻子正在廚房炒菜。丈夫在她旁邊一直嘮叨不停：慢些。小心！火太大了。趕快把菜翻一翻，要不然就糊啦。快鏟起來，油放太多了！把豆腐整平一下。哎唷，鍋子歪了！

「請你住口！」妻子脫口而出，「我會炒菜，不用你教我。」

「你當然懂，太太，」丈夫平靜地答道，「我只是要讓妳知道，我在開車時，妳在旁邊喋喋不休的感受。」

過日子就得學會互相體諒啊，老是嘮叨或是不滿，人家也煩。何不站在對方的角度想一下呢？

珍惜你所擁有的

女孩子既漂亮又善解人意，偶爾時不時出些壞點子耍耍男孩。男孩很聰明，也很懂事，幽默感很強，總能在女孩子不開心時找到逗女孩發笑的方式，女孩很喜歡男孩這種樂天派的性格。他們一直相處得很好，女孩說對男孩的感覺是淡淡的像自己的親人一樣。男孩對女孩愛得很深，非常在乎她。所以每當吵架的時候，男孩都會把錯攬到自己身上，說自己不對。即使不怪他的時候，他也這麼說，他只是不想讓女孩生氣。

就這樣過了五年，男孩仍然執著地愛著女孩，像當初一樣。一個週末，男孩本來打算去找女孩出去玩，但是一聽說她有事，就打消了這個念頭。自己在家裡待了一天，由於怕打攪女孩子辦事，整整一天男孩克制自己沒給女孩子打電話，誰知女孩一天沒有接到男孩的電話，她很生氣。晚上回家後，發了條簡訊給男孩，話說得很重。在越說越氣的情況下甚至提到了分手。當時是凌晨一點。男孩知道女孩誤會了，打女孩手機解釋，連續打了三次，都給掛斷了。打家裡電話又沒人接，男孩了更著急了，抓起衣服就往女孩家方向跑。當時是一點二十五分，女孩在凌晨一點四十的時候又接到了男孩的電話，從手機打來的，她又給掛斷了。

一夜無話，男孩沒有再給女孩打電話。

第二天，女孩接到男孩母親的電話，電話那邊聲淚俱下，男孩昨晚出了車禍。警方說是車速過快導致刹車不及，撞到了一輛大貨車上，等救護車到的時候，人已經不行了。

女孩心痛到哭不出來，可是再後悔也沒有用了。她只能從點滴的回憶中來懷念男孩帶給她的歡樂和幸福。

女孩強忍悲痛來到了事故車停車場，她想看看男孩呆過的最後的地方。車已經被撞得完全不成樣子，方向盤上，儀錶盤上，還沾有男孩的血跡。男孩的母親把遺物給了女孩，錢包、手錶、還有那部沾滿了男孩鮮血的手機；錢包裡還放著自己的照片，但是已被血漬浸透了大半張。當女孩拿起男孩的手錶的時候，赫然發現，手錶的指標停在一點三十五分分。女孩瞬間明白了，男孩在出事後還用最後一絲力氣給她打電話，而她自己卻因爲還在賭氣沒有接。男孩再也沒有力氣去撥第二遍電話了，帶著對女孩的無限眷戀和內疚走了。

女孩永遠不知道，男孩想和她說的最後一句話是什麼。

珍惜你所擁有的那份純真的深深的愛，別到永遠失去的時候才後悔。

珍惜感情

一個冬天的晚上。

男孩和女孩吵完架誰也不再理誰。女孩洗完澡披散著一頭濕漉漉的亂髮，站在院子的風口，讓風使勁吹著。雖然剛吵完架，但男孩實在沒辦法管住自己不去心疼她，於是拿著吹風機叫道：「過來！強驢。」沒好意思再耍彆扭，女孩便走進屋，拉過一把椅子順從地坐下來。就這樣，不說一句話，心裡的怨恨卻早消失了。

一頭霧氣漸漸地散盡了，耳畔不時有一種溫熱的感覺。

「也許，幾十年以後的一個黃昏，像現在，妳一個人獨坐的時候，妳會想起眼前的這一刻的。」

沉默了很長時間的男孩，突然說出這樣的話來，而且在聲音中還帶著一絲藏不住的傷感。

「那你呢？」女孩子反問道。

男孩關掉了手中的吹風機，看了女孩子一眼，笑笑，然後用手撫摩著她那頭飄逸的長髮，好一會兒才說：「先妳而去了。」聲音是那麼的肯定而平靜。

女孩突然明白了一直不做聲的男孩心中的一份痛惜的感情，就像一個頑童突然看到了她頑劣的後果。倘若上帝真的要懲罰自己，讓自己在幾十年後獨自面對以後的一切。女孩子不敢去想，她此刻懂得了男孩的傷感與痛惜。十年修得同船渡，百年修得共枕眠。受傷的和傷害的總是自己最心愛的人，因爲他（她）會一次又一次地原諒自己。就因爲知道對方不會背叛，而一直不去重視。

生命中有些東西很脆弱，好好珍惜今生的一世情緣，說不定一點一滴都是你將來某一天孤寂的回憶。

失去的愛

結婚後的女兒每次回家向母親傾訴，說婚姻很糟糕，丈夫既沒有很多的錢，也沒有好的職業，生活總是周而復始，單調乏味。這天，母親笑著問：「你們在一起的時間多嗎？」女兒說：「太多了。」母親說：「當年，你父親上戰場，我每日企盼的是他能早日從戰場上凱旋，與他整日廝守，可惜——他在一次戰鬥中犧牲了，再也沒有能夠回來，我真羨慕你們能夠朝夕相處。」說完，母親滄桑的老淚一滴滴掉下來。漸漸地，女兒彷彿明白了什麼。

幸福是一種感覺，關鍵是你如何把握和看待它。幸福就在身邊，也許和財富、地位並沒有關係。

家庭是大家的

照理說，孝養雙親是兒女們應盡的責任，雖然時代變遷，舊日的道德觀念多已被拋棄，然而新時代的人們還不至於明顯地置雙親的生活於不顧。但是奉養雙親的責任，卻常在兄弟之間引起爭執，這種情形，在社會上也是普遍的現象。

從奉養著老人的家庭中，最常聽到媳婦們有如下的怨言：

「我先生最差勁了，情願自己一人負起奉養父母的責任，卻讓兄弟們樂得逍遙。小叔小嬸們的日子過得真輕鬆，他們大概認爲侍奉公婆的事與他們毫不相干吧，看了真令人生氣。我跟我丈夫說了幾遍，他還數落我的不是呢，你看氣不氣人。」

的確，一般人都認爲老大負起奉養父母的責任是天經地義的事，其他的兒子、兒媳們，如果偶爾來探望一下或帶點東西來孝敬老人家，就覺得已經盡了孝道了，這種情形也真怪不得長媳要爲之憤憤不平了。

都說男人心胸較寬廣，女人較狹窄，就以此種情形來說，這話大致是不錯的。當丈夫對獨立奉養父母而安之若素時，多半會使妻子滿腹牢騷，甚至會在夫妻間引起一場嚴重的爭吵。

就丈夫的立場來說，奉養自己父母是盡孝道，至於兄弟們不肯分擔奉養的責任，心中雖也不以爲然，或許因爲心胸較寬廣，或許是因爲面子問題。如果兄弟們不主動說：「哥哥，我也分擔一些吧。」他是不願意計較的，或許他的脾氣倔強，認爲兄弟們爲了父母的奉養問題而爭執計較，甚至因此而強迫兄弟們負起責任來分擔，就毫無意義了。

就妻子的立場來說，則較客觀而不帶感情。站在第三者的立場來看，她認爲讓兄弟們提供勞力或經濟方面的幫助是理所當然的，所以兄弟妯娌間的袖手旁觀才會令她大爲生氣。況且，即使公婆留有財產，依現行的法律來看，也要兄弟姐妹們平分，又不是由長子獨得，那麼爲什麼非要由長子來負起奉養的責任呢？這是不公平的。

立場不同，想法也就不同，如果不設法加以協調，夫妻間的一場大吵，終究是難免的，嚴重的話，很可能造成夫妻關係的破裂。

有一次，有位朋友很煩惱地訴苦說：

「家父現年將近八十，而母親也已七十多歲，本來年事已高，理應接來與我們同住，但二老又堅持住在郊外的老家，只好由我與內人每天去探視他們。我自己身體也不好，每天跑這一趟實在覺得吃力。母親耳朵重聽，再加上關節痛，脾氣也不好。我們去照顧她，還得忍受她的嘮叨與閒氣，內人因此經常跟我嘔氣。我的幾個弟弟雖住得不遠，卻如同置身事外，罕加聞問，我好幾次向弟弟們提起，甚至召集他們來討論，然而每次總是不歡而散。弟弟們總有各種理由推託，不肯分擔一些責任，使問題一直無法解決。前幾天，內人實在忍耐不住，積壓多時的勞累與不快終於爆發，與我大吵一場……」

其實這對夫婦還算是負責任的老實人，只怪他的兄弟不知互相合作、孝順父母，實在很不應該！

不久前，一位多年不見的老同學談到她自己的近況，她說：

「家母幸好還有我這麼一個女兒，不然，她雖也算有兩個兒子，卻在風燭殘年之時，被兒子們當皮球似的踢來踢去，這個月在大哥家，下個月到二哥家，好悲哀。」

這位朋友是個獨身的職業婦女。她接著寫道：

「現在我已經成了真正的老小姐了，既然我有經濟能力，又沒有家庭的顧慮，就將家母接來與我同住，哥哥們大概也可鬆一口氣了吧。」

相親相愛的一家人，必定是幸福的。而幸福的依靠是家庭成員的一齊努力，每個人都應負起責任來。大家共有一個家。父母不是哪一個人的，贍養父母是不是應該多些責任和心思呢？相親相愛的家庭才幸福。一起努力吧，把家變得溫馨起來。

父與子

一九八九年，舊金山發生了大地震，在不到四分鐘的短短時間裡，許多人因此喪生！

在一陣破壞與混亂中，有位父親將他的妻子安全地安置好了以後，跑到他兒子就讀的學校，迎面觸目所見，卻是被夷為平地的校園。

看到這令人傷心的一幕，他想起了曾經對兒子所作的承諾：「不論發生什麼事，我都會在你身邊。」這時，父親熱淚盈眶。面對看起來是如此絕望的瓦礫堆，父親的腦中仍記著他對兒子的諾言。

他開始努力回想兒子每天上學的必經之路，終於記起兒子的教室應該就在那幢建築物裡，他跑到那兒，開始在碎石礫中挖掘搜尋著兒子。

當父親正在挖掘時，其他悲傷的學生家長趕到現場，悲傷紛亂地叫著：「我的兒子呀！」「我的女兒！」有些好意的家長試著把這位父親勸離現場，告訴他「一切都太遲了！」「無濟於事的！」「算了吧！」等等面對這種勸告。這位父親只是一一回答他們：「你們要幫助我嗎？」然後依然繼續進行挖掘工作，一瓦一礫地尋找他的兒子。

不久，消防隊隊長出現了，也試著把這位父親勸走，對他說：「火災頻繁，處處隨時可能發生爆炸，你留在這裡太危險了，這邊的事我們會處理，你快點回家吧。」而父親卻仍然回答著：「你們要幫助我嗎？」

員警也趕到現場，同樣讓父親離開。這位父親依舊回答：「你們要幫助我嗎？」然而，卻沒有一個人幫助他。

只為了要知道親愛的兒子是生是死，父親獨自一人鼓起勇氣，繼續進行他的工作。

時間一分一秒地流逝，挖掘工作持續了三十八個小時之後，父親推開了塊大石頭，聽到了兒子的聲音。父親尖叫著：「阿曼。」他聽到了回音：「爸爸嗎？是我，爸，我告訴其他的小朋友說，如果你活著，你會來救我的。如果我獲救時，他們也獲救了。你答應過我的。不論發生什麼事，你都會在我身邊，你做到了，爸！」

「你那裡的情況怎樣？」父親問。

「我們有三十三個人，其中只有十四個人活著。爸，我們好害怕，又渴又餓，謝天謝地，你在這兒。教室倒塌時，剛好形成一個三角形的洞，救了我們。」

「快出來吧！兒子！」

「不，爸，讓其他小朋友走出去吧！因爲我知道你會接我的！不管發生什麼事，我知道你都會在我身邊！」

父子間的愛和信任是多麼令人震撼和感動！這一份愛是絕對的信任，是莊嚴的承諾，是令人鼓舞的典範！

保持愛的純真

世界上永遠不會沒有愛情。

真正的愛情是一條浪漫的河流，愛情的男女雙方只能順流而下，違背愛情，就會給雙方造成很大的痛苦。

愛情的智慧就是順應感情的發展，而不是斤斤計較什麼名利、地位和金錢、權力，考慮門當戶對，考慮家庭背景，而不考慮你愛的這個人。因為那不是智慧，那只是一種小市民意識，或者是一種傳統的偏見。

梅和成是專科同學，那時班裡的同學都在混日子，可是梅宿舍裡的同學卻是清一色的愛學習者。第一年，梅就在忙碌的學習生活中度過了。到了第二年，梅突然發現身邊的朋友越來越少了，猛一抬頭，才發現，原來她們都投入了男朋友的懷抱裡。

就在梅準備平靜地迎接專科的最後一年時，丘比特的愛箭偏偏射中了她，使梅還沒反應過來是怎麼回事就匆匆地被一個男孩關心、呵護著，他就是成。當梅清醒過來，決定自己不要做「凡夫俗子」時，便總是找出各種各樣的理由疏遠他，可是他總視而不見。梅病了他請假出去給買藥；梅心煩的時候，他陪著聊天，逗梅開心……梅精心設置的防線終於崩潰了，最終還是投入了他的懷抱，認真地接受他的愛、他的關心與呵護。

成是個正直幽默的男孩子，他的正直幽默總能讓梅心悅誠服，他的付出也總讓梅有種無以爲報的感激。從此，教室中留下了他們共同學習的身影，校園的林蔭道上灑滿了他們相依相偎的足跡。這樣的日子雖然很美但不長，誰心裡都明白，梅馬上就該面對畢業的殘酷現實了。

離別的日子絲毫沒有因爲他們的痛苦而晚來一天。就這樣他們分別了，帶著彼此無盡的牽掛，帶著彼此無聲的思念，帶著彼此不捨的淚滴，分別了。

接下來便是初涉社會的艱辛，面對社會的險惡，世態的炎涼，人際的複雜，梅突然覺得自己真的不知所措了。

後來梅輾轉地換了工作，新的工作一切都得從零開始，這又使梅的日子充實了許多。有一天，明突然來找梅，給梅送來一封信。看著他一臉茫然，梅實在是想不出誰會給她來信，怎麼會寄到原來的公司？梅一臉的疑惑，接過信，梅一眼就看到右下角的署名，是成的信。梅又驚又喜，手顫顫地拆開信。信很短，字裡行間都充滿了無奈，他讓梅放棄他，理由是他家裡很窮，不希望梅跟他受苦。看完信，梅一下子跌坐在椅子上，趴在桌上放聲哭了起來。完全忘了明的存在和周圍同事驚訝的目光，直到明手足無措地過來哄梅，說「別哭了，這麼大，還像小孩子，看其他同事笑話你。」梅這才意識到這個世界上不只有梅和成兩個人存在。

接下來便是梅一段痛苦的無法自拔的日子，梅整個人就像傻了似的，每天飯只吃幾口，水一天也不喝一口，只要一停下工作就是坐著發呆。

梅決定聽一次命運的安排，決定同另一個和他處得很不錯的男同學聯繫一下，如果成現在已有了女朋友，就不再打擾他，就讓他成爲記憶深處一段美好的回憶吧。

也許真的是命運的安排，那位同學告訴梅，成根本就沒有女朋友，因爲他說他忘不了梅，他依然深深地愛著梅。聽到這些，梅不顧一切地踏上了南下的火車。當梅神奇般地出現在成面前的時候，他整個人愣了，在瘋也似的擁住梅的同時，彼此早已淚流滿面。但梅的心卻在笑，因爲梅知道這次成功了。

成的家真的不富裕，他也只有一份很普通的工作，沒有太高的收入，但梅已經滿足了，因爲他們相信「只要真心相愛就可以戰勝一切」。

愛情的美好，在於它的純潔、堅貞和偉大，在於它不摻雜任何功利的成分，不純潔的愛情不會長久，真愛之旅必定是充實、純樸、溫馨、浪漫又堅固的，吸引愛情更多的是真情。

你的錯

知道嗎？他今天之所以會這個樣子，都是你嬌慣的結果。

常聽女人這樣抱怨：「我家的那位太懶了，什麼都不做，結婚這麼長時間，廚房裡的油鹽醬醋放哪兒都不知道。」或者是：「我家那位太自私！我生病了，他都不知道給我買點藥，晚上還和朋友出去玩到半夜才回來。嫁他，我算倒了八輩子的楣。」這些牢騷滿腹的女人不知道，男人不好，並不都是他們的錯，許多時候是女人把他們寵壞了。

一旦女人結了婚，把一顆心交給一個男人，她極容易毫無保留地將自己的全部柔情奉獻出來，沉醉在愛情呵護中不能自拔。女人的幸福把她自己淹沒了，她的愛也把男人淹沒了。在這種包含著母愛成分的柔情包圍下，男人真的就退化成了一個不懂事的孩子，乖戾粗暴，不講道理，這是女人們始料不及的。

愛需要技巧。可是許多女人並不懂得這個道理，在她們那裡，任憑感情的野馬驅使，理智降到了最低點。女人如果愛上某個人，便會不顧全家的強烈反對，寧願拋棄一切跟所愛的人遠走天涯；女人如果恨起某個人，寧願一輩子不和他見面，不和他說話，甚至會做出過激舉動，全然不計後果。女人從來不懂得愛也需要克制的道理。

愛是一種能力。妳在付出真愛的同時，還得有意識地培養他愛妳的能力。在妳疲憊的時候，讓他給妳沏杯茶；在妳生病的時候，讓他陪妳去醫院；在日常家庭瑣事中逐漸培養起他關心妳、體貼妳的習慣和意識。反之，如果妳總是什麼都不讓他做，他就會把妳的付出看成是一件理所當然的事，認爲家裡就應該是這個樣子，稍微有什麼令他不滿意，他就會大發脾氣。這時妳再跑回娘家哭訴、到婆家告狀，又有什麼用？一個人一旦被慣出毛病，要改就太難了。

愛可以排斥理性，但生活一定要有理性。女人啊，千萬不要一邊抱怨丈夫，一邊又嬌慣丈夫。把握住愛的尺寸，做一個能駕馭自己感情烈馬的好騎手，在溫馨的感情世界裡盡享做女人的快樂甜蜜吧。

同樣道理，有的男人百般呵護自己的嬌妻，也會慣出一身毛病，而讓自己大嘗苦果。

有人說，婚姻是雙方秉性、情趣的融合，而不是一方對另一方的修改和塑造，但聽了以上的抱怨，你是否有所覺悟呢？偶爾雕刻一下對方，生活也許就會換個樣子。

兩個人在一起，不可能去改變對方什麼，但要有愛的能力，要駕馭好自己的感情，生活才會美好。

真愛無言

像往常一樣，中午午餐，他又去了那家小吃店，要了一碗麵條。剛吃了幾口，這時進來一對中年夫婦，男的有一隻眼睛看不見了，身後背著一把二胡；女的是個盲人，在男的攙扶下，摸索著坐到葉絡對面的椅子上。

大概是個賣藝的吧，葉絡想。

「大碗豆花米粉，兩份。」男的將二胡靠在牆角。

剛坐下來，男的又起身去拿筷子，順便付了錢，又向店員說了幾句什麼。

一會兒，米粉上來了，卻是一大一小兩碗。男的仔細地將豆花米粉弄碎、拌勻，然後將大碗遞給女的。

女的吃了兩口問：「你呢？」

「我也是豆花米粉，大碗的，足夠了。」

他有些吃驚——

「這種不是大碗的。」坐在他旁邊的一個小孩忽然說。孩子一定以為，這個叔叔弄錯了，卻付了大碗的錢。

中年男子並沒有抬頭，繼續低頭吃著。

「叔叔，你吃的這種不是大碗的。」小男孩以為他沒聽見，重複道。

中年男子慌忙抬頭，對男孩擺擺手。

「多嘴！」小男孩的母親厲聲呵斥。

「本來就是嘛。」男孩一臉委屈。

正吃米粉的女人停了下來，側著頭仔細辨別聲音的方向，她的臉輕輕地抽搐了一下。

吃完米粉，他們攙扶著走出了小吃店。

他被這一對盲人夫婦感動了，默默地走在他們後面。

「今天吃得真飽。」男的說。

女的沉默了一會兒。

「你不要騙我了，你吃的是小碗，你一直瞞著我。」女的失聲哭了起來。

「我不餓，真的不餓，妳……妳別這樣，路人看了多不好……」男的有些手足無措，扯起衣袖爲妻子擦淚。

看著他們，他的淚水溢滿了眼睛。

他是個啞巴，雖然能聽懂別人的話，卻說不出自己的感受。她是他的鄰居，一個和外婆相依爲命的女孩。她一直喊他哥哥。

他真像個哥哥，帶她上學，伴她玩耍，含笑聽她嘰嘰喳喳講話。他只能用手勢和她交談，可她能讀懂他的每一個眼神。從哥哥注視她的目光裡，她知道他有多麼喜歡自己。

後來，她考上了大學，他便開始拼命地賺錢，然後源源不斷地寄給她。她從沒拒絕。終於，她畢業了，開始了工作。然後，她堅定地對他說：「哥哥，我要嫁給你！」

他像隻受驚的兔子逃掉了，再也不肯見她，無論她怎樣哀求。她這樣說：「你以爲我同情你嗎？想報答你嗎？不是，從十二歲我就愛上你了。」可是，她還得不到他的回答。

有一天，她突然住進了醫院。他嚇壞了，跑去看她。醫生說，她喉嚨裡長了一個瘤，雖然切除了，卻破壞了聲帶，可能再也講不了話了。病床上，她淚眼婆娑地注視著他。

於是，他們結婚了。很多年以來，沒有人聽他們講過一句話。他們用手、用筆、用眼神交談，分享喜悅和悲傷。他們成了相戀男女羨慕的對象。人們說，那是一對多麼幸福的啞夫妻啊！

愛情阻擋不了死神的降臨，他撇下她一個人先走了。人們怕她經受不住失去愛侶的打擊來安慰她。這時，她收回注視他遺像的呆癡目光，突然開口講話：「愛人已去，謊言也該揭穿了。」

人們驚訝之餘，都感歎不止，這是一份多麼執著的、深厚的、像童話一樣的愛呀！從此，她不再講話，不久也離開了人世。

愛是人類最美的語言，而這語言是無聲的，深刻的愛，出自內心，是沒有痕跡可尋的。

父愛永恆

喬治一直對父親有這樣的看法：父親一直就是瘸著一條腿走路的，他的一切都平淡無奇。他總是想，母親怎麼會和這樣的一個人結婚呢？

一次，市裡舉行中學生籃球賽。喬治是隊裡的主力。他找到母親，說出了他的心願：他希望母親能陪他一起去。母親笑了，說：「那當然。你就是不說，我和你父親也會去的。」他聽罷搖了搖頭，說：「我不是說父親，我只希望妳去。」母親很驚訝問：「這是為什麼？」他勉強地笑了笑，說：「我總認為，一個殘疾人站在場邊，會使得整個氣氛變了味。」

母親歎了一口氣，說：「你是嫌棄你父親了？」父親這時正好走過來，說：「這些天我得出差，有什麼事，你們商量著去做就行了。」

比賽很快就結束了。喬治所在的隊得了冠軍。在回家的路上，母親很高興：「要是你父親知道了這個消息，他一定會放聲高歌的。」喬治沉下了臉，說：「媽媽，我們現在不提他好不好？」母親接受不了他的口氣，尖叫起來，說：「你必須告訴我這是爲什麼？」

喬治滿不在乎地笑了笑，說：「不爲什麼，就是不想在這時提到他。」母親的臉色凝重起來，說：「孩子，有些話我本來不想說，可是，我再隱瞞下去，很可能就會傷害到你的父親。你知道你父親的腿是怎麼瘸的嗎？」喬治搖了搖頭，說：「不知道。」母親說：「你兩歲時父親帶你去花園裡玩。在回家的路上，你左奔右跑。忽然，一輛汽車急馳而來，你父親爲了救你，左腿被碾在了車輪下。」喬治頓時呆住了，說：「這怎麼可能呢？」母親說：「這怎麼不可能？只是這些年你父親不讓我告訴你罷了。」

二人慢慢地走著。母親說：「有件事可能你還不知道，你父親就是布萊特，你最喜歡的作家。」喬治驚訝地蹦了起來，說：「你說什麼？我不信！」母親說：「這件事你父親也不讓我告訴你。你不信可以去問你的老師。」喬治急急地向學校跑去。老師面對他的疑問，笑了笑，說：「這都是真的。你父親不讓我們透露這些，是怕影響你成長。但既然你現在知道了，那我就不妨告訴你，你父親是一個偉大的人。」

兩天以後，父親回來了。喬治問父親：「你就是大名鼎鼎的布萊特嗎？」父親愣了一下，然後就笑了，說：「我就是寫小說的布萊特。」喬治拿出一本書來，說：「那你先給我簽個名吧！」父親看了他片刻，然後拿起筆來，在扉頁上寫道：贈喬治，生活其實比什麼都重要。——布萊特。

父愛往往是沉默的，這種沉默使兒女覺得父親不夠愛自己，同時，也不值得自己去愛他。事實上，父愛是深邃的，不是不愛，而是一種永恒的愛，不善於表達罷了。

「冬天的太陽」

那天給馨看一道心理測試題：

「春天的鮮花，夏日的溪水，秋天的月兒，冬天的太陽。」從中選一種自己最喜歡的，看看自己是不是具有浪漫的氣質。

馨想了想，揀出了「秋天的月兒」。太浪漫，近乎憂鬱。

這時，她的新一任男友進來，高高大大的一個男孩。馨把四張小條遞過去，讓他選，他掃了一眼笑著說：「你們女人的遊戲。」隨手毫不猶豫地將「冬天的太陽」塞到馨手裡。

馨眨眨眼：「你一個冬天手都燙人，幹嗎選這個？」

男孩奇怪地看看馨，似乎她應該知道原因。

「你不是最怕冷嗎?手老凍得腫腫的。」

馨驚住了，感受著他手中那個太陽的溫暖。馨怔怔地望著他，眼睛亮亮的。

愛，有時候其實很簡單。

半年後，馨嫁了他，那個爲她選擇太陽的男人。

愛，其實很簡單，就是溫暖心田的「冬天的太陽」。為他人著想，為心愛的人提供溫暖。

傘和傘下的人

下雨了。

很久沒有機會單獨相處了。

孩子去外婆家，今天就只有夫妻兩個人，說一起出去走走吧，偏又下了雨。

男人說，要走就走，不要猶豫，不然我就不去了。就穿鞋出了門。

女人打開傘櫃。

傘櫃裡有很多傘。最耀眼的，是那把大紅色的，已經很多年了，沒有怎麼壞，雖然顏色依舊鮮豔如初，但是傘布已經變得很薄很薄，不再適合雨天使用了。

兩人最初在一起，經常拿的，就是這把紅傘。當時兩人並排走路，合打著女人的這把傘，肩膀中間還要保持一拳的距離，逛一趟街下來，男人濕了左肩左臂左邊的衣襟左邊的褲腿，女人濕了右肩右臂右邊的衣襟右邊的褲腿。秋風吹來，半個身子又濕又冷。

很多年過去了，用過的傘數也數不清，壞了就扔掉了。只有這把，幾次搬家，女人都捨不得扔掉。帶著它，就如同懷著過去的記憶，回味無窮。

女人拿了一把比較新的傘。折疊的，晴雨兩用。平時上班就打這把傘，不用時可以放在皮包裡，很方便。

不過，這把傘一個人拿合適，兩個人就顯小了。男人剛才是空著手出去的。如果保證不淋濕，得帶兩把這樣的傘才行。

於是女人放下折疊傘，另外拿了一把自動傘，是裝修公司的廣告傘，也許爲了更顯眼，傘很大，感覺比普通的傘至少大三分之一。缺點是，得時刻拿在手裡，遇到沒有雨的地方，就會顯得很累贅。難得只有兩人出去，就合打一把傘吧。很久沒有這樣了。外國的婚姻專家總是講情調嗎？也許，這就是一種情調，清風細雨，兩人在傘下相擁而行。

男人在電梯口催，快點了，電梯到了。

女人懷抱大傘，急急忙忙地追出了門。

雨不算很大。但是沒有傘，很快就會濕透。男人一驚。這麼大的雨啊！不打傘還不行。轉頭就往回跑。

女人撐開了傘站在雨裡，說，我有傘啊，我們一起打就行了，不用回去拿了！男人回一下頭，看看，不行，我回去拿。然後就消失在電梯裡。

女人只有站在雨裡等著。

女人身上沒有濕。但是，雨水好像不受阻隔地淋進了心裡，一片冰涼。

下雨的時候，傘靠得太近了，這把傘上的雨水會淋到那把傘下的人。所以，爲了不淋到對方，兩把傘，保持著兩尺的距離，並排前行。

兩個人的距離，似乎比兩尺更遠更遠。

也許，這就是婚姻。這就是婚姻，要在同一把傘下生活，要共同遮風擋雨，要相互扶持。兩把傘下的人，只能心涼了。

愛情之鎖

女孩就要嫁給一位外國的小夥子了，他們相約到杭州千島湖旅遊。在鎖島上，女孩買了一把銅質的鎖，讓工匠在上面刻上她和小夥子的名字。小夥子在一旁微笑著看著他的愛人。

字很快刻好了，女孩把鎖掛在扶杆上。小夥子不解其意，問女孩爲什麼不把鎖帶走，而是掛在這裡。

女孩說：「這叫同心鎖，這意味著我們從此以後再也不能分開了，就像被鎖鎖住那樣。」小夥子聽了大惑不解。回到城裡，他一直悶悶不樂。

終於，小夥子提了這樣一個問題：「爲什麼兩個人要鎖在一起？」

女孩說：「因爲愛呀！」

小夥子問：「難道愛就可以限制自由嗎？」

女孩笑了：「你不懂中國的傳統文化，這是一種美好的祝福。」

小夥子說：「限制自由也是一種祝福？」

一個多月後，也就是在他們即將舉行婚禮的前一個星期，這位外國的小夥子決定暫緩舉行婚禮。

女孩問他為什麼，難道他不愛她了嗎？

小夥子說仍然愛她，但是他不能接受這份愛情：「真是太可怕了，我的一生從此後將要和妳鎖在一起，兩個人的一生怎麼可以從此鎖定呢？」

小夥子的話讓女孩也感到可怕：「天哪，幸虧他早些說，原來他根本沒有打算愛我一輩子。」相互猜疑之後，他們友好地分手了。愛情不就是希望永遠在一起嗎？永遠在一起竟然成為分手的理由，這到底是誰錯了？

泰戈爾說，因為你愛她，就讓陽光時刻包圍著她，且給她自由。讀到這句話的時候，我們也許會找到答案。

愛情的價值

Simple Stories, Precious Facts

根據經濟專家一項新的調查報告，穩定的愛情關係所能帶來的幸福感一年約值六萬英鎊，合九萬三美元。這項研究調查了從二十世紀七〇年代初到九〇年代後期十萬名美國和英國成年人的生活，並估量諸如失業與婚姻等事件的價值。

這項調查說，年輕、收入良好、受過大學教育的白人女性，享有穩定的婚姻關係，以及父母不曾離異者是自我感覺最幸福的人。依照它的說法，美好的婚姻或同居關係所帶來的幸福感相當於一年多賺了六萬英鎊的感覺。

一般人的幸福感是隨年齡而呈U字形狀態：在年輕和老年階段最感到幸福，而四十歲時則是谷底，最易感到悲慘難耐。分居和寡居的人生活最不愉快，緊接著是失業和離婚的人。我們把愛情換算成通俗的金錢，才有人會明白它的價值。然而，事實上不論我們把它換算不換算成金錢，它的經濟價值都在客觀存在呀！

真愛流轉平凡間

在上海一所大學校園，一對男女學生相愛了。那時校園裡絕對禁止談戀愛，校方對他們一再勸阻、警告，兩個年輕人卻始終如膠似漆。校方只有使出最後一招，畢業時將男的流放到大西北，女的留在上海，實際上是將兩人拆散。女的不肯獨自留在上海，死活要跟男的一道奔赴那天蒼蒼野茫茫的地方。

兩人在蒙古包裡落腳下來，卿卿我我，苦日子卻過得很甜。然而三年「自然災害」，一個飢餓的時代到來了。這天是中秋節，社裡每戶分一塊月餅。男社員先收工把月餅領回來。

薄暮降臨，女的還不回來。男的實在忍不住，把月餅對半切了，先吃了自己那部分。不吃則已，一吃更饞。他想她要是在，肯定會省下她的那一半給他吃，那麼，實際上這半塊月餅的二分之一將屬於他。於是他把半邊月餅切開，把他認爲她肯定會省給他吃的那一半吃了。女的還沒回來。剩下的四分之一月餅，男的看著看著，怎麼也忍不住，他甚至想不起自己是怎樣向它伸出魔爪，一下把它吞噬掉了。

這時，女的回來了。她興高采烈地說，聽說分了一塊月餅呀！男的愣愣地無言以對，片刻，支吾道：「我……太餓，我吃掉了。」

女的半天沒吭聲，後來忽然怒吼道：「我想不到你這樣，我犧牲一切跟你來大西北，你呢？連半塊月餅都不給我留著。我算看透你啦！」

女的就這樣收拾了衣物，回到了上海。

警告和流放都不能拆散一對情侶，一塊月餅卻輕而易舉地做到了。愛情是神聖的，但它又是很實際的，為了得到愛情，可以生、可以死，但真正的愛情，是在平常日子中用平凡事來表現的。

愛情沒有「如果」

劉麗是李浩的女朋友，兩人經常為了金錢問題吵架。終於有一天，劉麗和李浩翻天覆地大吵了一架，那時他們剛剛準備結婚。

李浩摔門而去，劉麗留給李浩的最後一句話就是：「是男人就別再來敲這扇門！」氣憤的李浩決定再也不登劉麗的門，可是，當他反覆思考以後，還是決定去向劉麗道歉。但是，當他走到女友宿舍的門口時，就猶豫了，想了半天，還是按響了門鈴。可是沒有開，李浩知道劉麗就躲在屋裡。他又第二次按響了門鈴，卻依然不見劉麗開門。李浩決定第三次敲門，如果劉麗再不開門，他將徹底地遠離這扇門。第三次門鈴被李浩按響了，門依然沒有開，李浩傷心地離開了，再也沒有回來。

許多年過去了，當兩人再次相遇時，李浩已成人夫，而劉麗也已經結婚。不過，當年的情景雙方還記憶猶新，李浩問劉麗：「爲什麼當初我按了三次門鈴，你都不開門？」

劉麗說：「聽到第一聲門鈴時，我還沒有決定原諒你；聽到第二聲門鈴，我正準備原諒你；聽到第三聲門鈴，我已經走到了門口等著你按響第四聲門鈴。當時我想，如果你第四次按響門鈴，我就徹底原諒你。可是，沒想到你就這樣放棄了。」

李浩對劉麗說：「如果我第四次按門鈴，你真的會原諒我嗎？如果你原諒了我，我們現在會結婚嗎？如果……」

生活中容不得假如的存在。愛情也一樣，為什麼在擁有時不好好地珍惜，而等到失去後才幻想不可能發生的事情？為什麼在做事時不堅持下來，卻輕易地放棄，讓它成為一生的遺憾？到頭來只能懦弱地用假如來幻想美好的事情。

沒有驚天動地的愛情

有個年輕美麗的女孩，出身豪門，家產豐厚，又多才多藝，日子過得很好，媒婆也快把她家的門檻給踩爛了。但她一直不想結婚，因為她覺得還沒見到她真正想要嫁的那個男孩。直到有一天，她去一個廟會散心，於萬千擁擠的人群中，看見了一個年輕的男人，不用多說什麼，反正女孩覺得那個男人就是她苦苦等待的結果了。可惜，廟會太擠了，她無法走到那個男人的身邊，就這樣眼睜睜地看著那個男人消失在人群中。後來的兩年裡，女孩四處尋找那個男人，但這人就像蒸發了一樣，無影無蹤。女孩每天都向佛祖祈禱，希望能再見到那個男人。她的誠心打動了佛祖，佛祖顯靈了。

佛祖說：「妳想再看到那個男人嗎？」

女孩說：「是的！我只想再看他一眼！」

佛祖說：「妳要放棄妳現在的一切，包括愛妳的家人和幸福的生活？」

女孩說：「我能放棄！」

佛祖說：「妳還必須修煉五百年道行，才能見他一面。妳不後悔？」

女孩說：「我不後悔！」

女孩變成了一塊大石頭，躺在荒郊野外，四百多年的風吹日曬，苦不堪言，但女孩都覺得沒什麼，難受的是這四百多年都沒看到一個人，看不見一點點希望，這讓她都快崩潰了。最後一年，一個採石隊來了，看中了她的巨大，把她鑿成一塊巨大的條石，運進了城裡。他們正在建一座石橋，於是，女孩變成了石橋的護欄。就在石橋建成的第一天，女孩就看見了，那個她等了五百年的男人！他行色匆匆，像有什麼急事，很快地從石橋的正中走過了。當然，他不會發覺有一塊石頭正目不轉睛地望著他。男人又一次消失了。再次出現的是佛祖。

佛祖說：「妳滿意了嗎？」

女孩說：「不！爲什麼？爲什麼我只是橋的護欄？如果我被鋪在橋的正中，我就能碰到他了，我就能摸他一下！」

佛祖說：「妳想摸他一下？那妳還得修煉五百年！」

女孩說：「我願意！」

佛祖說：「妳吃了這麼多苦，不後悔？」

女孩說：「不後悔！」

女孩變成了一棵大樹，立在一條人來人往的官道上，這裡每天都有很多人經過，女孩每天都在近處觀望，但這更難受，因爲無數次滿懷希望地看見一個人走來，又無數次希望破滅。不是有前五百年的修煉，相信女孩早就崩潰了！日子一天天地過去，女孩的心逐漸平靜了，她知道，不到最後一天，他是不會出現的。又是一個五百年啊！最後一天，女孩知道他會來了，但她的心中竟然不再激動。來了！他來了！他還是穿著他最喜歡的白色長衫，臉還是那麼俊美，女孩癡癡地望著他。這一次，他沒有急匆匆地走過，因爲天太熱了。他注意到路邊有一棵大樹，那濃密的樹蔭很誘人，休息一下吧，他這樣想。他走到大樹腳下，靠著樹根，微微地閉上了雙眼，他睡著了。

女孩摸到他了！他就靠在她的身邊！但是，她無法告訴他，這千年的相思。她只有盡力把樹蔭聚集起來，爲他擋住毒辣的陽光。千年的柔情啊！男人只是小睡了一刻，因爲他還有事要辦，他站起身來，拍拍長衫上的灰塵，在動身的前一刻，他回頭看了看這棵大樹，又微微地撫摸了一下樹幹，大概是爲了感謝大樹爲他帶來清涼吧。然後，他頭也不回地走了！就在他消失在她的視線的那一刻，佛祖又出現了。

佛祖說：「妳是不是還想做他的妻子？那妳還得修煉。」

女孩平靜地打斷了佛祖的話：「我是很想，但是不必了。」

佛祖說：「哦？」

女孩說：「這樣已經很好了，愛他，並不一定要做他的妻子。」

佛祖說：「哦！」

女孩說：「他現在的妻子也像我這樣受過苦嗎？」

佛祖微微地點點頭。

女孩微微一笑：「我也能做到的，但是不必了。」

就在這一刻，女孩發現佛祖微微地歎了一口氣，或者是說，佛祖輕輕地鬆了一口氣。女孩有幾分詫異：「佛祖也有心事？」

佛祖的臉上綻開了一個笑容：「因爲這樣很好，有個男孩可以少等一千年了，他爲了能夠看妳一眼，已經修煉了兩千年。」

生命總是平衡的，以一種我們瞭解或是不瞭解的方式存在。問世間情為何物？不僅是直叫人生死相許，也同樣是一物降一物。

小王子的玫瑰花

小王子有一個小小的星球，星球上忽然綻放了一朵嬌豔的玫瑰花。以前，這個星球上只有一些無名的小花，小王子從來沒有見過這麼美麗的花，他愛上這朵玫瑰，細心地呵護她。

那一段日子，他以爲，這是一朵人世間唯一的花，只有他的星球上才有，其他的地方都不存在。

然而，等他來到地球上，發現僅僅一個花園裡就有五千朵完全一樣的這種花朵。這時，他才知道，他有的只是一朵普通的花。

一開始，這個發現，讓小王子非常傷心。但最後，小王子明白，儘管世界上有無數朵玫瑰花，但他的星球上那朵，仍然是獨一無二的，因爲那朵玫瑰花，他澆灌過，給她罩過花罩，用屏風保護過，除過她身上的毛蟲，還傾聽過她的怨艾和自詡，聆聽過她的沉默……一句話，他馴服了她，她也馴服了他，她是他獨一無二的玫瑰。

「正因爲你爲你的玫瑰花費了時間，這才使你的玫瑰變得如此重要。」一隻被小王子馴服的狐狸對他說。

面對著五千朵玫瑰花，小王子說：「你們很美，但你們是空虛的，沒有人能爲你們去死。」

一個既親密而又相互獨立的關係，勝於一千個一般的關係。這樣的關係，會把我們從不可救藥的孤獨感中拯救出來，是我們生命中最重要的一部分。

愛是一盞燈

一對新人結婚時家徒四壁，除了一處棲身之所外，連床都是借來的。而女人卻傾盡所有買了一盞漂亮的燈掛在屋子正中。男人問她爲什麼要花這麼多錢去買一盞奢侈的燈，她笑笑說：「明亮的燈可以照出明亮的前程。」他不以爲然，笑她輕信一些無稽之談。

漸漸地，日子好過了。兩人搬到了新居，她卻不捨得扔掉那一盞燈，小心地用紙包好，收藏起來。

不久，男人有了錢，有了情人。他開始以各種藉口外出，後來乾脆無須解釋就夜不歸宿了。她勸他，以各種方式挽留他，均無濟於事。

這一天是男人的生日，妻子告訴他無論如何也要回家過生日。他答應著，卻想起漂亮情人的要求。猶豫之後，他決定去情人處過生日後再回家過一次。

情人的生日禮物是一條精緻的領帶。他隨手放到一邊，這東西他早已擁有太多。半夜時分他才想起妻子的叮囑，急忙匆匆趕回家中。

遠遠看見寂靜黑暗的樓房裡有一處明亮如白晝，正是自己的家，一種遙遠而親切的感覺在心中升起。太太就是這樣夜夜亮著燈等他歸來的。

推開門，太太正淚流滿面地坐在豐盛的餐桌旁，沒有絲毫倦意。見他歸來，她不喜不怒，只說：「菜涼了，我再去熱一下。」

當一切準備就緒之後，太太拿出一個紙盒送給他，是生日禮物。男人打開，是一盞精緻的燈。女人流著淚說：「那時候家裡窮，我買一盞好燈是爲了照亮你回家的路；現在我送你一盞燈是想告訴你，我希望你仍然是我心目中的明燈，可以一直明亮到我生命的結束。」一個女人送一盞燈給自己的男人，應該包含著多少寄託與企盼！而他，愧對這一盞燈的亮度。男人最終回到了女人的身邊。

愛是一盞燈，不管它是否能照亮他的前程，但它一定能照亮一個男人回家的路。因為這燈光是一個女人從心底深處用一生的愛點燃的。

愛情是件易碎的藝術品

婚後，妻子不止一次問丈夫在認識她之前，有沒有跟別的女孩好過。

妻子並不是丈夫的初戀。丈夫與另外一個女孩子相愛過一段時間，並且吻了她。這是很久以前的事情了，以後丈夫與女孩再也沒來往過。丈夫也反問過自己，若妻子告訴自己，她當初與某個男孩戀愛過，自己會大度得毫不介意嗎？愛情總不願意看到第三個人的出現，哪怕他只是個越來越遙遠的模糊的影子。

於是，丈夫對妻子說：「你是我最初的戀人，也是最後一個。」妻子為此而陶醉在甜蜜之中，兩個人一直美滿幸福著。在愛情中，有些事情是不能求真的。

愛情是易碎品，儘量別留下一絲裂痕，否則，再好的焊補技術，都無法完好如初。

愛情死亡後的三種人

當愛情死亡以後，人分三種：

愚者多怨。把被負、被傷、被棄的憾、恨、怒，化爲逢人便說的故事，若有雷同，絕對共鳴。瑣瑣碎碎，窩窩囊囊，百說不厭，百訴不累，把自己化成了一條又長又臭的纏腳布。

人人退避三舍，她卻渾然不覺，依然還在嘮嘮叨叨地爭取早已流產的同情。

仁者不言。一個手掌拍不響，戀愛與分手，結婚和離婚，都是屬於兩個人之間的事。愛情的鵲橋斷了，雙方都有責任。就算對方移情別戀，也只能歸咎於緣分滅絕。保持緘默，是自我尊重的方式。

智者不記。把相戀時的狂喜化成披著喪衣的白蝴蝶，讓它在記憶裡翩飛遠去，永不復返，淨化心湖。與絕情無關。唯有淡忘，才能在大悲大喜之後煉成牽動人心的平和；唯有遺忘，才能在絢爛已極之後煉出處變不驚的恬然。

愛情失敗後的日子的確難熬。但如何對待，表現了一個人深層次的素質修養。你是做愚者、做仁者還是做智者？

女人最喜歡的一樣東西

很久以前，一座城市的居民經常與另一座城市的居民打仗，很多年都難分勝負。它們唯一的區別是，一座城市坐落在高地，另一座坐落在窪地。

處在高地上的城市首領想出世上令人心酸的絕人之道——把高地的水庫打開，結果可想而知。窪地的城市被大水圍困，注定要滅亡。水庫打開，呼叫之聲不絕於耳。看到如此的慘狀，圍困者作出了一個人道的姿態，派船去營救落水人。

派遣的船隻不多，只能容納極少的一部分人。他們的首領喜歡女人，所以只讓婦女上船，並要求只能帶上自己最喜歡的一樣東西。有的帶上自己的玉鐲，有的帶上自己的金銀首飾，有的帶上自己的銅鏡。她們想這樣既保住了自己的生命，又不失自己的財產。

唯有一位婦女肩扛著自己的丈夫，奮力上船。一個士兵阻攔道：「船上只允許上婦女，不允許運男人。」那位婦女說：「這就是我最喜歡的東西。」士兵無言以對，只好乖乖地讓她上船，在那次遇難中唯一倖存的男人就是那位婦女的丈夫。

失去了心愛的丈夫，即使腰纏萬貫也只能化為烏有；擁有了這種愛，愛便成了一種保護，一種抵禦侵略、創造財富的力量。

妻子最美的時候

丈夫是很勤快、很厚道的一個人，也很愛她，常稱讚她溫柔賢慧、善良正派。然而，她不滿足也不踏實，覺得這並不足以作爲愛的證明，每個女人都希望別人把她當成大美人。雖然她知道自己並不美。終於有一天，她很不甘心地問丈夫：「難道你就從來沒有覺得我有美麗的時候？」問完，她忽然很害怕，她怕丈夫的回答會讓她失望。

「當然有。」丈夫沉吟了片刻，回答說，「妳每次洗完頭，將披散的長髮向後一甩，這個動作很美；每次上街，妳走累了，便會輕輕地靠住我，這時妳表情很美很乖；在外面吃飯時，滿桌的人都大嚼大咽，只有妳小口小口地，那麼克制，那麼優雅，真美；妳最美麗的時候，是在週末的夜晚，朦朧的燈光下，妳雙頰潮紅，兩眼發亮……」

女人真的是很滿足很陶醉。在問這話之前，她設想過丈夫的許多回答，說她帶孩子時最美，說她孝敬父母時最美，說她帶學生春遊時最美，這些回答都會讓她覺得遺憾。這些只是作爲母親的美麗，作爲女兒的美麗，作爲老師的美麗，而不是純粹作爲女人的美麗。丈夫不落俗套的回答，讓她真正明白了，即使是個相貌平平的女子，也總會有美麗的時候。一句話，一個表情，一個動作，有時是一刹那，但男人發現了，心動了，記住了。

女人相信這才是愛，並由此感到一種從未有過的安全與踏實。

夫妻之間，有愛才有「美」，有「美」也可能會產生愛。但沒有愛，「美」很快就不會存在了。

活了一百萬次的貓

有一隻貓死了一百萬次，也活了一百萬次。但貓一直不喜歡任何人。

有一次，貓是國王的貓，國王很喜歡貓，做了一個美麗的籃子，把貓放在裡面。每次國王要打仗都把貓帶在身邊。不過貓很不快樂，在一次打仗時，貓被箭射死了。

國王抱著貓，哭得好傷心、好傷心，但是貓沒有哭，貓不喜歡國王。

有一次，貓是漁夫的貓。漁夫很喜歡貓，每次漁夫出海捕魚都會帶著貓。不過貓很不快樂。在一次在打魚時，貓掉進海裡，漁夫趕緊拿網子把貓撈起來，不過貓已經死了。

漁夫抱著貓哭得好傷心、好傷心，但是貓並沒有哭，貓不喜歡漁夫。

有一次，貓是馬戲團的貓。馬戲團的魔術師喜歡表演一樣魔術，就是把貓放在箱子裡，把箱子和貓一起切開，然後再把箱子合起來，而貓又變回一隻活蹦亂跳的貓。不過貓很不快樂。在一次表演魔術時，魔術師一不小心將貓真的切成了兩半，貓死了。

魔術師抱著切成了兩半的貓，哭得好傷心，好傷心，不過貓並沒有哭，貓不喜歡馬戲團。

有一次，貓是老婆婆的貓，貓很不快樂。因爲老婆婆喜歡靜靜地抱著貓，坐在窗前看著行人來來往往，就這樣過了一天又一天、一年又一年。

有一天，貓在老婆婆的懷裡一動也不動。貓又死了，老婆婆抱著貓哭得好傷心、好傷心，但是貓並沒有哭，貓不喜歡老婆婆。

有一次，貓不是任何人的貓，貓是一隻野貓，貓很快樂。每天貓有吃不完的魚，每天都有母貓送魚來給牠吃。牠的身旁總是圍了一群美麗的母貓，不過貓並不喜歡牠們。

貓每次都是驕傲地說：「我可是一隻活過一百萬次的貓哦！」

有一天，貓遇到了一隻白貓，白貓看都不看貓一眼，貓很生氣地走到白貓面前對白貓說：「我可是一隻活過一百萬次的貓哦！」

白貓只是輕輕地「哼」了一聲，就把頭轉開了。從那以後，貓每次遇到白貓，都會故意走到白貓面前說：「我可是一隻活過一百萬次的貓哦！」而白貓每次也都只是輕輕地

「哼」一聲，就把頭轉開。

貓變得很不快樂。一天，貓又遇到白貓，剛開始，貓在白貓身邊獨自玩耍，後來漸漸地走到白貓身邊，輕輕地問了一句話：「我們在一起好嗎？」

而白貓也輕輕地點了點頭，「嗯」了一聲，貓好高興、好高興！

牠們每天都在一起，白貓生了好多小貓，貓很用心地照顧著小貓們。小貓長大了，一個個離開了。

貓很驕傲，因為貓知道：小貓們是一隻活過一百萬次的貓的小孩！

白貓老了，貓很細心地照顧白貓，每天貓都抱著白貓說故事給白貓聽，直到睡著。

一天，白貓在貓的懷裡一動也不動了，白貓死了。貓抱著白貓哭了，貓一直哭、一直哭、一直哭。直到有一天，貓不哭了，貓再也不動了，貓和白貓一起死了，貓也沒有再活過來。

沒有情感地活一百萬次，並不如有愛地活一輩子；無法體會生命的快樂地活一百萬次，更是不如用生命付出愛的一輩子。

被鎖住的祕密

有一個男人原本貧困，幾經努力終於發了財。發了財就飽暖思淫欲地越看自己原來的妻子越難看。男人說我們倆離了吧。女人開始幾次都不同意，後來說好吧，給我五萬塊我就離。男人就給了女人五萬塊錢。兩人又沒有孩子，也就痛痛快快地分了手。分了手之後的男人很是瀟灑了一陣子。但沒過多久他就厭煩了這種生活。

一天，他在雨中候車的時候發現了一個面貌姣好的女孩，女孩也對他點頭微笑。他心中驀然一動：好熟悉的眼光啊！後來他們搭訕起來，然後開始約會，再後來他們就結了婚。婚後妻子除了溫柔體貼地照顧他之外，平時總是纏著他問他前妻的一些事，每到這時候就令他不知說些什麼才好。女人還保留了一個小小的箱子和一把精緻的鑰匙，總不讓男人看。

直到有一天，女人臥床不起，她把鑰匙交到男人的手裡時很平靜地說，我死之後你可以打開那個箱子啦。女人終於離開了人世，再次失去妻子的男人迫不及待地打開了那個讓他牽掛已久的箱子。箱子裡只有一個厚厚的日記本，日記本裡記述了一個女人整容的前後過程。

金錢可以改變男人的性格，也可以改變女人的外貌。但金錢無法給人真正的感情，在金錢背後的祕密一旦打開，你就會發現一切只是一場夢。

在瑣碎中相濡以沫

兩個人決定離婚。他們之間沒有什麼大衝突，但他們經常是一點小事都要吵幾天。男人賭氣搬進了公司，只留女人獨守著空蕩蕩的家。

晚上，女人打開電腦，忽然收到一封先生發來的郵件。沒有多餘的話，只是敘述他剛剛看到的一段生活場景。

公司所在的那條街上有一對夫妻。丈夫是個孤兒，從小靠撿破爛為生；妻子是個精神病人，平時還好，發起病來就想往外面跑。這天，我看到那個丈夫在街上往回拉自己的妻子。妻子往外用力，丈夫往裡用力。他倆沒有任何爭吵，妻子的臉上可見精神病人常有的瘋癲表情，而丈夫的臉上沒有任何無奈與煩躁，神情坦然。

先生繼續在郵件中寫道：「我看到他們在街上來回拉著，兩個人都在用力，路邊的人一如既往地大笑著，可是我的淚卻落了下來。親愛的，他們連一件像樣的衣服都沒有，連一頓最一般的飯都成問題的夫妻之間，尚有一個清醒的人懂得守住夫妻之道，不離不棄地走過來，而我們生活無憂、神志健全的人爲什麼反而做不到呢？」

先生最後寫道：「寶貝，我愛你。」

來不及關上電腦，太太披上衣服，流著淚往外跑。她只想用最快的速度，實實在在地擁住她最愛的人。

也許婚姻中的人實在品不出更多的感動，但事實上正是因為那些相濡以沫的瑣事碎事才讓我們偶爾回憶起那些誓言，那些浪漫，那些擁吻，那些牽手。

撿拾愛情的碎片

不論怎麼相愛的人，婚後仍然需要不斷協調，不斷適應。

有一對小夫妻吵嘴了。

女的一生氣，把結婚照片撕成兩半，男的更氣，奪過來接著撕，結婚照立刻成了碎片！

女的哭了：「離婚！」男的火了：「離就離！誰不離誰是孫子！」說著雙雙奪門而去。

有個老人聽說了這件事，極平靜地對他們說：「別，先別離，先回家看看，把滿地的碎片撿起來，把上面的花朵對齊了，會出現奇蹟的！」

於是，女的先回家，開始小心翼翼地撿拾地上的碎片。不久，男的也回來了，也開始小心翼翼地撿拾碎片。就這麼撿著撿著，也就撿回了一串極芳香極美麗極溫馨的回憶！

心裡像有春風吹過，熱呼呼的：女的悄悄地哭了，男的也傻愣愣地站著，看著妻子，鼻子裡直發酸。

突然，女的「哇」的一聲撲進男的懷裡，淚如雨下。男的也就一把摟著她，摟得很緊，一起看著那張重新拼接好的照片——照片上有花，他和她也像花，都笑得極燦爛。

從那以後，燦爛簇擁著他們，他們再也沒吵過架。是的，只要小心地撿拾，即使碎了的愛也能修復。關鍵是，要記住那位老人的話，要會撿拾碎片，並務必把碎片再對成花朵。

瓶子裡織網的蜘蛛

她是有著致命的美麗花紋的蜘蛛，從生下的那刻就注定了她的孤獨。因爲得到她愛的最終都變成了她腳底空蕩蕩的軀殼，日復一日，每天重複著相同的生活，她，感到厭倦，於是她走出了牆角那片狹小的天地。

她看到窗臺上的月光，窗外廣闊的世界，還有一個空空的廣口瓶子，靜靜地立在那裡。他渾身散發著月的透亮，如此清澈，她注視著他。

「你好，你看起來不快樂？」瓶子輕輕地問道。

「我在尋找我的快樂，我把它給丟了。」蜘蛛淡淡地答。

「有時間就來找我說說話吧，我每天在這可以看到各種各樣的風景，很有趣呢。」他微笑著。

蜘蛛每天開始盼望夜的來臨，盼望著到窗臺上聽瓶子講有趣的見聞，沒人在乎窗臺上的一隻蜘蛛和一個瓶子間會發生什麼。

蜘蛛現在會笑得很大聲，還會搞點幽默什麼的，逗瓶子笑，聽他身體裡發出的悶悶的笑聲。瓶子肚子裡總是裝著說不完的故事，她漸漸地變得快樂，也更加的美麗。黎明前的告別，也變得越來越難分難捨，蜘蛛感覺自己不想再回到陰暗的角落了，她開始喜歡上了窗臺上的月光，微微的風，生動的畫面，以及月光下的瓶子，兩顆同樣寂寞的心也許真的很容易產生些什麼呢。

直到有一天的晚上，窗外下著很大的雨，還有轟轟的雷聲。蜘蛛第一次那麼的害怕，她畏畏縮縮地躲到瓶子的背後，透過他透明的身體看窗外的風景。

「住到我的心裡吧，那樣就沒人能傷害你了。」瓶子憐惜地望著蜘蛛說。

「……」蜘蛛微笑著點點頭並回到牆角，她看著這個她從小生活的地方，哦，我的過去，再見了。蜘蛛和牆角告別的時候沒有回頭。

她住進了瓶子裡，那裡是溫暖的，透明的，她可以隔著瓶子看窗外的風景了，不必害怕會受到傷害，因為她知道有瓶子保護著她。一切似乎都那麼的美好，充滿著甜蜜的氣息。但唯一的缺憾就是她可以透過瓶子的身體看外面的世界，卻看不到瓶子的心，因爲他太透明了，以致她什麼都感覺不到了。

也許讓我做他的心，那樣更好吧？蜘蛛望著瓶子想著。於是蜘蛛開始在瓶子裡織網，一層接一層地織著，十分地用心。她想像著一個用網織成的最完美的心，她和瓶子共同的心。廢寢忘食，蜘蛛沉浸在編織幸福夢想的喜悅之中，忘記了一切，包括她的瓶子。

瓶子對蜘蛛的行爲感到不解，爲什麼她要讓自己的身體裡爬滿千絲萬縷的網呢？把自己本清空的心填得滿滿的，連自己都感覺不到自己真正的思想了。瓶子很難過，他的蜘蛛已經聽不進他的勸告了。

「你不能這樣下去了，你會把自己網死在裡面的，你清醒一點兒，好嗎？」瓶子心痛地感受著蜘蛛越來越密的網，以及身體中越來越小的空間。他感到失落蔓延著他的身體，變得冷冰冰的，他開始沉默了。

蜘蛛結好的網已經將自己封在了瓶子的中央，但她還在不停地結著網，她要填滿瓶子身體裡所有的空隙。

「你知道嗎？你早已是我的心了！難道你從來沒感覺嗎？！」瓶子望著蜘蛛，心痛不已：他的蜘蛛已經被牢牢地困在那丁點的空隙之中不能動彈了，眼看馬上就要被自己編織的網所毀滅。而他，卻無能爲力。

他感受到蜘蛛無力的掙扎和微存的氣息。現實是那樣的殘酷，他們之中，必定有一個要爲這段感情付出什麼，也許是生命的代價。是他？還是她？

瓶子用盡力氣，讓身體搖晃起來，於是幾秒鐘後，隨著清亮的碎裂聲，瓶子從窗臺跌落到地面，變成了四處飛濺的玻璃碎片，蛛網也隨著瓶子的破裂而被撕散開來，輕輕落到地上，網中心，是隻小小的蜘蛛。她感到了久違的新鮮空氣，然後她從殘破的網中爬了出來。她看到地面上仍在掙扎著的瓶子的碎片，上面晃著瓶子留給她的最後一次的微笑。

這就是愛上她的結果，她的宿命！蜘蛛的眼淚無聲地滴落在瓶子的碎片上。沒人知道一隻蜘蛛和一攤碎玻璃之間，曾發生過什麼……

「瓶子……」蜘蛛哭泣的聲音消失在空氣裡，沒有留下任何訊息。

當愛情之網編織得過密的時候，就有可能把自己困死在裡面。這時，不是自己受傷害就是所愛的人受傷害。

愛的加減法

我和一位同事到濟南出差，同事給他母親和妻子各買了一件價格相同的衣服。回來後，同事讓我先跟他回他母親家。

「媽，我回來了，給您老人家買了一件衣服，您試試。」

母親埋怨一聲：「老是花那麼多錢幹什麼？你又沒錢。」

「沒花多少錢，才三百元。不信你問我同事。」他把臉轉過來，向我眨了一下眼。

我心裡疑惑：爲什麼明明是六百元的衣服，卻說成是三百元呢？

但我馬上迎合著說：「沒錯，是三百元。」同事母親見我這樣說，便把衣服收了起來，叮囑兒子以後再不要爲她亂花錢了。

從母親家出來，同事又拉著我到了他自己家。他把給妻子買的衣服拿出來後，對妻子說的價格是原價的兩倍，變成了一千元，然後。他又讓我作證。我只好配合他，對他老婆又說了假話。同事的老婆歡天喜地地把衣服拿進房間，在穿衣鏡前試了又試，高興得合不攏嘴。

出了門，我對同事的做法十分不解，我問他：「爲什麼把兩件衣服的價格說得有高有低呢？」

同事拍了拍我的肩膀說：「兄弟，你剛結婚，看來還不太懂處理家裡的事情。一個男人要在家裡做『外交部長』，就要學會綜合處理家庭成員的關係。給母親買的東西，一定要把價格減下去一半，因爲如果照實說，母親一定捨不得穿；給妻子的東西一定要把價格提高一倍，這表現了你愛她的程度。一加一減啊，看起來是說假話，但是實際上不都表現了我們對她們的愛嗎？」

善意的謊言有時遠比真話更容易讓人接受。雖然同是親人，但由於身份和地位的不同，他們對你的所作所為的看法也會不同。對與愛，該加的時候就加，該減的時候就減。

友誼是一筆珍貴的財富

有一個富翁，年輕時家裡很窮，他的父母都是農民，他從小就生存在一種飢餓和窘迫之中。節日的花衣服、過年的壓歲錢、喜慶的爆竹、父母的呵護……這些本該屬於孩子的專利，都與他無緣。

但最使他難忘並終生感恩的是隔壁的小夥伴對他無私、真誠的幫助和呵護。只要小夥伴手裡有兩塊糖果，肯定就會有他的一塊；夥伴手裡有一個饅頭，那肯定有他的一半。在貧窮和飢餓之中，還會有什麼比這更寶貴的東西呢？

一眨眼三十年就過去了。在這一段時間裡，世界上有許多事情變了模樣。此時，富翁步入中年。外出闖蕩的他今非昔比。三十年的奔波勞碌，摸滾爬打，富翁一路風塵地走過來了，成爲一個精明的企業家。有一天，少小離家的他動了思鄉之念，於是在一個豔陽高照的日子，富翁回到了家鄉。

當日，他走遍全村，感謝叔伯大爺、兄弟姐妹這些年對父母的照顧，並每家送了一份禮物。夜裡，富翁在自家的堂屋裡擺桌請宴，赴宴者全是從小光著屁股一塊長大的玩伴，他們自然也是四十幾歲的中年人了。

按那裡的風俗，赴宴者都要帶點禮物表示謝意。大家來的時候，都帶著禮物，有的還很豐厚。富翁令人一一收下，準備宴席之後，請大家帶回。當然，還有自己饋贈的禮物。

正在大家熱熱鬧鬧布菜斟酒的時候，門開了，一個兒時舊友走進來。他的手裡提著一瓶酒，連聲說：「對不起，我來晚了。」

大家都知道這個朋友日子過得很艱難，其情其景，一點兒也不亞於富翁兒時。

富翁起身接過朋友提來的酒，並把他拉到自己身邊的座位上坐下，朋友的眼裡閃過幾絲不易察覺的慌亂。

富翁親自把盞，他舉著手裡的酒瓶，說：「今天，我們就先喝這一瓶，如何？」一邊說，一邊給大家一一倒滿，然後，他們一飲而盡。

「味道怎樣？」富翁問，所有赴宴者面面相覷，默不作聲。舊友更是面紅耳赤，低下了頭。

富翁瞧了一眼全場，沉吟片刻，慢慢地說：「這些年我走了很多地方，喝過各種各樣的酒，但是，沒有一種酒比今天的酒更好喝，更有味道，更讓我感動……」說著，站起來，拿起酒瓶，又一次一一給大家斟酒。

喝完之後，富翁的眼睛濕潤了，朋友也情難自抑，流淚了，原來他們喝的竟是一瓶水！

朋友不以貧窮自卑，提一瓶水也要去看兒時的朋友；發跡的富翁不忘舊情，不以為忤，反而大受感動，這瓶「水酒」浸透著穿越世俗的真情。

當我們身邊的朋友，在人生路上遇到艱難陷入泥濘之時，請伸出你的手來，把你的溫暖、關懷送給他們，他們將因此而充滿笑迎風雪的勇氣和力量。

軟弱打不動女人的心

肖風在某大公司工作，收入不菲，人又長得瀟灑英俊，是許多女孩子心目中的理想伴侶。他的女朋友名叫丁雅，在另一家公司工作。兩人相互欣賞，感情甚濃。一次，丁雅要代表公司到外地去出席一個訂貨會。肖風知道後，央求她：「妳能不能跟老闆說說，派別人去？」丁雅問「為什麼？」肖風說：「我一天也不能忍受沒有妳的日子，真的，我怕妳離得太遠，會失去妳！」肖風臉上可憐巴巴的表情讓丁雅大感失望，她想不到自己的男朋友內心會如此軟弱。丁雅在出席訂貨會期間，肖風每天至少給她打兩個電話，一打就是半小時以上。丁雅覺得和這樣一個男人在一起，是一件很可怕的事。訂貨會過後，丁雅悄悄辦了離職手續，去了一家新公司，再也不願見到肖風了。

女人希望自己的意中人是一個強者，無論在感情上，還是在經濟上，都不願男人過於依賴自己。即使男人並不強大，也應表現得強大，否則，就不可能打動女人的芳心。女人喜歡強者，喜歡成熟、穩重、有安全感、可依賴的男人，軟弱的男人是打不動女人的心的。軟弱而依賴成性的男人，必須學會自信。有沒有女人都得過下去，過得好。百般順從，一味忍讓，只會讓她輕視。剛強而又溫柔的男人，若即若離而又自信的男人，最受女人青睞。

別樣的浪漫

傍晚，我散步到天橋邊，看見一個小夥子正吃力地背著個女孩上天橋，額上滲著細密的汗珠。我趕忙過去幫忙攙扶著，問小夥子：「她生病了吧？我幫你叫車送醫院。」

來到天橋上，女孩忽然大笑起來。小夥子忙向我道歉：「對不起，謝謝您，我們在玩遊戲。」

「什麼？」我尷尬中有些惱怒。

女孩好半天才停住笑，告訴我說今天是他們結婚三周年紀念日，他們特意出來逛街。「他沒有錢，我不要他買什麼禮物，但他有力氣，所以要他背我上天橋，才背三個來回，就累了，將來結婚三十周年，我讓他背三十個來回……」女孩趴在小夥肩上又笑了起來。

向來以爲，浪漫必定和鮮花、燭光、音樂相連，卻不知道世上還有這樣一種別致的窮人的浪漫。

愛是甜美的，浪漫是幸福的，都是一種發乎於心、表現於情的真實流露。只要開心，不必按別人的標準，富人眼中的月亮難道真的比窮人眼裡的更亮嗎？人要勇敢地追求自己的幸福。

愛的檸檬茶

有個女孩暗戀上了一個男孩，雖然已經好久好久了，但她不知道該怎樣表達，畢竟自己是個女孩。女孩子都會矜持一點兒，不會像男孩一樣「大舉進攻」。

他高大的背影、燦爛的笑容、瀟灑的舉止，都留給女孩無限的遐想和眷戀。

一天，女孩心煩意亂地經過一片草地的時候，終於做了一個決定。

第二天，男孩放學的時候，從課桌的書櫃裡拖書包時，帶出了一個透明的小袋子，裡邊有一小袋檸檬茶葉，剛夠泡上一杯檸檬茶。男孩沒有任何反應，隨手丟進垃圾桶，匆匆離開教室，走了。

從那天起，男孩每天都要扔掉一袋檸檬茶，但從來沒有問過是誰送的。

有天早晨，太陽才剛剛升起，男孩就來到校園。

南邊的草地上，有個女孩彎著腰，急急地尋找著什麼。終於，女孩找到了自己不小心掉在地上的檸檬茶，女孩擦了擦檸檬茶的表面，拍拍身上的泥土，跑進了教室。只見她細心地把一袋檸檬茶放進一個透明的袋子，撕了段膠布，黏在男孩的書櫃裡。看樣子，好像還在祈禱著什麼。

男孩看見了，還是沒有任何反應。放學的時候，悄悄地把它丟進垃圾桶，頭也不回地走了。

就這樣，一天又一天，在清晨的教室裡，女孩不間斷地將一袋檸檬茶放進一個書櫃裡，然後在祈禱著什麼。有時賴床就來得晚點，有時候忘拿了，還得回家去拿，不然她都沒有心情上課。

可是，不知爲什麼，最近那個男孩再也沒有見到習慣了的檸檬茶。他的心裡悶悶的，一臉的愁容。

隔了幾天的早晨，男孩來得特別早，當他打開書櫃，還是沒有檸檬茶。

太陽好刺眼，男孩卻清楚地看見，遠處有一個身影。男孩瞇著眼，想知道是誰會這麼早就跑到學校對面的商店，對了！是那個女孩，她著急的表情帶著些許害怕，卻在勇敢地尋覓著什麼。去商店買東西，又不是去搶，用得著這麼緊張嗎？

男孩跑到商店，看到女孩將一大包新的檸檬茶放進書包。女孩傻傻地待在那裡，看著男孩緩緩而來，卻不知該說些什麼。

男孩的臉上帶著淚水，他說：「我尋找了好久才發現，原來檸檬茶的味道是那麼好。這幾天，我心情一直很糟，現在我才明白，我已經習慣了妳的檸檬茶……」

女孩傻傻地望著男孩，臉上開始泛紅。

男孩繼續喘著氣說：「於是我有了一股勇氣，想去找檸檬茶原來屬於的地方，這幾天我都來得很早，可是什麼都沒有發現，直到我來到這裡。」

在愛情的道路上，不論距離多麼遠或距離多麼近，都要付出真心。只要付出真心，堅持這種信念，就一定會追求到屬於自己的愛情。

愛我的人與我愛的人

石頭問：「我究竟該找個我愛的人做我的妻子，還是該找個愛我的人做我的妻子呢？」

佛笑了笑：「這個問題的答案其實就在你自己的心底。這些年來，能讓你愛得死去活來，能讓你感覺得到生活充實，能讓你挺起胸不斷往前走的人，是你愛的人，還是愛你的人呢？」

石頭也笑了：「可是朋友們都勸我找個愛我的女孩做我的妻子。」

佛說：「真要是那樣的話，你的一生就將從此注定碌碌無爲！你是習慣在追逐愛情的過程中不斷去完善自己的。你不再去追逐一個自己愛的人，你自我完善的腳步也就停止下來了。」

石頭搶過了佛的話：「那我要是追到了我愛的人呢？」

佛說：「因為她是你最愛的人，讓她活得幸福和快樂被你視作是一生中最大的幸福，所以，你還會為了她生活得更加幸福和快樂而不斷努力。幸福和快樂是沒有極限的，所以你的努力也將沒有極限，絕不會停止。」

石頭說：「那我活得豈不是很辛苦？」

佛說：「這麼多年了，你覺得自己辛苦嗎？」

石頭搖了搖頭，又笑了。

石頭問：「既然這樣，那麼是不是要善待一下愛我的人呢？」

佛搖了搖頭，說：「你需要你愛的人善待你嗎？」

石頭苦笑了一下：「我想我不需要。」

佛說：「說說你的原因。」

石頭說：「我對愛情的要求較為苛刻，那就是我不需要這裡面夾雜著同情，夾雜著憐憫，我要求她是發自內心地愛我的。同情、憐憫、寬容和忍讓雖然也是一種愛，儘管也會給人帶來某種意義上的幸福，但它卻是我深惡痛絕的。如果她對我的愛夾雜著這些，那麼我寧願她不要理睬我，又或者直接拒絕我的愛意，在我還來得及退出來的時候。因爲感情是只能越陷越深的，絕望遠比希望來的實在一些；因爲絕望的痛是一時的，而希望的痛則是無限期的。」

佛笑了：「很好，你已經說出了答案！」

石頭問：「爲什麼我以前愛著一個女孩時，她在我眼中是最美麗的？而現在我愛著一個女孩，我卻常常會發現長得比她漂亮的女孩呢？」

佛問：「你敢肯定你是真的那麼愛她，在這世界上你是愛她最深的人嗎？」

石頭毫不猶豫地說：「那當然！」

佛說：「恭喜。你對她的愛是成熟、理智、真誠而深切的。」

石頭有些驚訝：「哦？」

佛又繼續說：「她不是這世間最美的，甚至在你那麼愛她的時候，你都清楚地知道這個事實。但你還是那麼地愛著她，因爲你愛的不只是她的青春靚麗，要知道韶華易逝，紅顏易老，但你對她的愛戀已經超越了這些表面的東西，也就超越了歲月。你愛的是她整個的人，主要是她的獨一無二的內心。」

石頭忍不住說：「是的，我的確很愛她的清純善良，疼惜她的孩子氣。」
佛笑了笑：「時間的任何考驗對你的愛戀來說算不得什麼。」
石頭問：「爲什麼後來在一起的時候，兩個人反倒沒有了以前的那些激情，更多的是一種相互依賴？」
佛說：「那是因爲你的心裡已經在潛移默化中將愛情轉變爲了親情。」
石頭摸了摸腦袋：「親情？」
佛繼續說：「當愛情到了一定程度的時候，是會在不知不覺中轉變爲親情的，你會逐漸將她看做你生命中的一部分，這樣你就會多了一些寬容和諒解，也只有親情才是你從誕生開始上天就安排好的，也是你別無選擇的，所以你後來做的，只能是去適應你的親情，無論你出生多麼高貴，你都要不講任何條件地接受他們，並且對他們負責，對他們好。」
石頭想了想，點頭說道：「親情的確是這樣的。」
佛笑了笑：「愛是因爲相互欣賞而開始的，因爲心動而相戀，因爲互相離不開而結婚，但更重要的一點是需要寬容、諒解、習慣和適應才會攜手一生的。」

石頭沉默了：「原來愛情也是一種宿命。」石頭又問：「在這樣的一個時代，這樣的一個社會裡，像我這樣的一個人這樣辛苦地去愛一個人，是否值得呢？」

佛說：「你自己認爲呢？」

石頭想了想，無言以對。

佛也沉默了一陣，終於他又開了口：「路既然是自己選擇的，就不能怨天尤人，你只能無怨無悔。」

石頭長籲了一口氣。石頭懂了，他用堅定的目光看了佛一眼。

愛是因為相互欣賞開始，因為不瞭解而開始，因為心動而相戀，為了離不開而結婚，為了廝守而在一起。愛情要經過吸引、欣賞、相戀、平淡、迷惑，甚至動搖直到成功。愛是寬容、諒解、磨合、習慣、適應才會攜手一生的。愛，以甜蜜開始，卻要付出一生去關懷、相處。

擁有與失去

Simple Stories, Precious Facts

古時候有一個國家的公主生病了，國王貼出了布告：誰能夠治好公主的病，他就將公主嫁給誰，而且繼承他的王位。

布告剛貼上城牆，就被身在遠處、擁有千里眼的大哥看見了。他回去和兩個弟弟商量，決定一起去救公主。二弟有一塊比駿馬還快的飛毯，小弟有一個能醫治百病的蘋果。商定之後，三人很快坐著飛毯來到王宮。公主吃了蘋果，病就好了。王宮裡的人都跟著國王和公主一起高興，但是三兄弟卻鬧起了矛盾。

「公主應該嫁給我。如果我沒看到布告，我們就不會來給公主治病。」

「公主是屬於我的！要是沒有我的飛毯，公主的病就會耽誤下去。」

「我的蘋果沒了。」有一個聲音最小。

這可真是個難題啊！國王顯得很無奈，陷入了沉思，一個女人嫁給三個男人，這是絕對不能允許的。怎樣彌補布告（契約）上的漏洞呢？

這時，公主走到小弟的面前，含羞又不失大方地說道：「為了救我，你什麼都沒了。從現在起，我就是你的妻子了。」

國王被公主點醒後便高聲宣佈：「我們的聖典《塔木德》說過，把一切都奉獻出來的人是最可貴的。公主就許配給老三吧。」

把一切都奉獻出來的人是最可貴的。同時，你失去的也會得到補償，失去有時意味著擁有。

愛情是白紙

他曾愛過她，但遭到拒絕。她嫁給了別人。

他不斷地給她寫信。這些信她從來不讀，但出於一種女人的癖好，她把它們原封不動地保存下來。

她經常從信箱裡取出他的信。書桌抽屜裡那摞信越堆越高。

他那始終不渝的癡情使她驚訝，可是她心裡卻也感到有那麼點幸福的。

十年過去了。她的家庭生活不完全像她所希望的那樣美滿。

在一個鬱鬱寡歡的夜晚，她決定看看他信裡寫了些什麼。

她把信數了一遍，一共一百二十三封。她來回翻著歷年收到的這些信，不知先拆哪封信是好，最後終於拆開了最近的一封。

信封裡是一張白紙。

她又拆一封，再拆一封，所有的信封裡裝的都是白紙。

愛的極致是一張白紙，故事也由此開始，愛情需要點滴地在白紙上抒寫，有經過才有痕跡。

不為一朵花而選擇死亡

當初喜歡他，是因爲他的穩重，依靠在他的肩上有暖暖的踏實。三年的戀愛，兩年的婚姻，她已倦了。當初的喜歡，是現在倦他的根源。她是個感性的小女人，敏感細膩，渴望浪漫，如孩提時代渴望美麗的糖果。而他，卻天生不善於製造浪漫，木訥到讓她感受不到愛的氣息。

某天，她終於鼓起勇氣說：「我們分開吧。」

他問：「爲什麼？」

她說：「倦了，就不需要理由了。」

整個晚上，他只抽菸不說話。她的心越來越涼，連挽留都不會表達的男人，他能給她什麼樣的快樂？

他說：「怎麼做妳才可以改變主意？」

人說稟性難移，她想她已經不對他抱什麼希望了。望著他的眼睛，她慢慢說：「回答一個問題，如果你能答到我心裡就可以，比如我非常喜歡懸崖上的一朵花，而你去摘的結果是百分之百的死亡，你會不會摘給我？」

他說：「明天早晨告訴你答案，好嗎？」

她的心冷下來了。

早晨醒來，他已經不在，只有一張寫滿字的紙壓在溫熱的牛奶杯子下。

第一行，就讓她的心涼透了。

「親愛的，我不會去摘，但請容許我陳述不去摘的理由：

妳只會用電腦打字，卻總把程式弄得一塌糊塗，然後對著鍵盤哭，我要留著手指給妳整理程式；妳出門總是忘記帶鑰匙，我要留雙腳跑回來給妳開門；酷愛旅遊的妳在自己的城市裡都常常迷路，我要留著眼睛給妳帶路；每月『老朋友』光臨時妳總是全身冰涼，還肚子疼，我要留著掌心溫暖妳的小腹；妳不愛出門，我擔心妳會患上自閉症，留著嘴巴驅趕妳的寂寞；妳總是盯著電腦，眼睛給糟蹋得不好了，我要好好活著，等妳老了給妳修剪指甲，幫妳拔掉讓妳煩惱的白髮；拉著妳的手，在海邊享受美好的陽光和柔軟的沙灘，告訴妳一朵花的顏色，像妳青春的臉……所以，在我不能確定有人比我更愛妳之前，我不想去摘那朵花……」

她的淚滴在紙上，開成晶瑩的花朵，抹淨淚，繼續往下看：「親愛的，如果妳已經看完了，答案妳還滿意，請妳開門吧！我正站在門外，手裡提著妳喜歡吃的鮮奶麵包……」

拉開門，她看見他的臉，緊張得像個孩子，只把捏著麵包的手在她眼前晃了晃。

此時此刻她確定，沒人比他更愛她，所以她不想要那朵花。

這就是愛情或生活，被幸福平靜包圍時，一些平凡的愛意，總被渴望激情浪漫的心靈忽略。愛在他因你而起的許多個微不足道的動作裡，從來就沒有固定的模式。轟轟烈烈的愛終究會歸於平淡，成天浪漫的愛也終會疲倦，愛最終會平淡無奇的，是一杯水，一片麵包，一個問候，一個眼神，一個擁抱……花朵和甜言蜜語只是生活表面的點綴，它們下面才是真正的生活，攜子之手，與子同老。這需要在平淡中體會愛的博大、深沉、雋永。

血色母愛

故事發生在奧地利。

羅莎琳是一個性格孤僻、膽小羞澀的十三歲少女。很小的時候她的父親就去世了。母親索菲婭在一家清潔公司工作，靠微薄的薪金把羅莎琳一手撫養大。因爲家境的貧困，羅莎琳常常受到別人的歧視和欺侮，這些都給她幼小的心靈投下了濃重的陰影。久而久之，她對母親開始心生怨恨，認爲正是母親的卑微才使她遭受如此多的苦難。

二〇〇二年二月下旬的一天，索菲婭由於工作出色而被允許休假一周。爲了緩和母女之間的關係，索菲婭決定帶女兒去阿爾卑斯山滑雪。但不幸降臨了，她們在雪地裡迷了路，對雪地環境缺乏經驗的母女倆驚慌失措。她們一邊滑雪一邊大聲呼救，不料，呼喊聲引起了一連串的雪崩，大雪把母女倆埋了起來。出於求生的本能，母女倆不停地刨著雪，歷經艱辛終於爬出了厚厚的雪堆。母女倆挽著手在雪地裡漫無目的地尋找著回歸的路。

突然，索菲婭看見了救援的直升機，但由於母女倆穿的都是與雪的顏色相近的銀灰色羽絨服，救援人員並沒有發現她們。

當羅莎琳醒來時，發現自己正躺在醫院的床上，而母親索菲婭卻不幸去世了。醫生告訴羅莎琳，真正救她的是她的母親。索菲婭用岩石片割斷了自己的動脈，然後在血跡中爬出了十幾米的距離，目的是想讓救援的直升機能從空中發現她們的位置，也正是雪地上那道鮮紅的長長的血跡引起了救援人員的注意。

也許我們出生在普通家庭，也許我們的家境比別人要差，也許在我們的成長過程中多遭受了些苦難，但請相信，父母對我們的愛是天底下最偉大的愛。世界上所有的父母親，都一樣的偉大，都肯為兒女付出了最偉大的愛！膚色不同又怎樣呢？貧富又有什麼關係呢？

一把鑰匙

他是個愛家的男人。他縱容她婚後仍保有著一份自己喜愛的工作，他縱容她週末約同事回家打通宵的麻將，他縱容她有不下廚的壞習慣……他始終都扮演著一個好男人的典範。

她第一次懷疑他，是從一把鑰匙開始。雖然她不是個一百分的好老婆，但總能從他的一舉一動瞭解他的情緒，從一個眼神瞭解他的心境。

他原有四把鑰匙，樓下大門、家裡的兩扇門以及辦公室的門鑰匙。不知從何時起他口袋裡多了一把鑰匙，她曾試探過他，但他支支吾吾閃爍不定的言詞，令她更加懷疑這把鑰匙的用途。

她開始有意無意地電話追蹤，偶爾出現在他的辦公室，但他愈來愈沉默，愈來愈不讓她懂他心裡想什麼，常常獨自一個人在半夜醒來，坐在陽臺上吹一整夜的風……但是唯一沒有變的是他對她的溫柔和體諒，但她的猜疑始終沒有減少。

在不斷地追查下，她終於發現那把鑰匙的用途，原來是用來開啓銀行保險箱的。於是她決定追查到底，她悄悄地偷出了那把鑰匙，進了銀行。

當鑰匙一寸一寸地伸進鎖孔，她慌張又害怕。首先映入眼簾的是一個珠寶盒，她深深地吸了一口氣，緩緩地打開盒蓋，然後，心裡甜甜地笑了起來：那是他們兩人第一次合照的相片。照片之後是一疊情書，一共二十八封，全是她在熱戀時寫給他的，這個時候甜蜜是她臉上唯一的表情。

珠寶盒底下是一些有價證券，有價證券底下是份遺囑，她心想：「待會兒出去一定要罵一罵他，才三十出頭立什麼遺囑！」雖然如此，她還是很在意那份遺囑的內容。她翻開封面，上面寫著某某別墅和存款的百分之二十留給父母，存款的百分之十給大哥，有價證券的百分之三十捐給老人機構，其餘所有的動產、不動產都留給她。所有的疑慮都煙消雲散，他是愛她的。

正當她收拾好一切準備回家，突然，一個信封從兩疊有價證券裡掉下來，那已經退去的猜疑又出現了，她迅速地抽出信封裡的那張紙，那是一張診斷書，在姓名欄處她看到了丈夫的名字，而診斷欄上是四個比刀還利的字：胃癌中期。

她回家了，什麼也沒說，只是收起了從前的壞脾氣。

愛可以讓人無怨無悔，可以讓人為所愛的人付出所有，包括生命。相愛的人在一起，要相互珍惜。

當愛成為習慣

父親病逝，家裡欠下一大筆債務。辦完後事第二天，十八歲的他就加入了南下工作的隊伍，在朋友的介紹下進了一家大型的汽車修理公司。

帶他的師傅姓關，五十多歲，有兩個很特別的嗜好：一是沒事就用指甲剪上的小銼刀銼指甲，二是愛替別人洗衣服。

兩個月後他終於賺下一萬元，給母親匯完款後他突然想到應該給她寫封信，於是就利用午休時間在辦公室隨便找了一張包裝紙寫起來。也許是他太投入了，師傅進來他都不知道，直到師傅用手敲了敲桌子他才抬起頭。師傅說：「你明明在這裡幹著又髒又累的活，爲什麼說你的工作很輕鬆？」他紅著臉說他不想讓母親爲他擔心。

師傅點了點頭說：「遊子在外，報喜不報憂，這一點你做得很好。但是你用這麼髒的一張紙給母親寫信，她會相信你的工作輕鬆嗎？」

關師傅看著窗外，緩緩地對他說：「我很小就沒了父親，二十歲那年母親中了風，腰部以下都不能活動，我四處求醫問藥，最後這個城市的一個老中醫告訴我，堅持做按摩治療，有百分之一的康復可能。於是，我就帶著母親來到了這裡，我在這家公司找了一份工作，那時條件沒現在好，我比你們辛苦得多。在這裡拿到第一筆薪水那天，我買了好多母親喜歡吃的食物帶回家，在我遞給她削好的蘋果時，她拉住我的手說：『跟媽媽說實話，你到底做的什麼工作？不要累壞自己啊！』我說：『我在辦公室工作啊，很輕鬆的。』母親生氣地說：『孩子，你的指甲縫裡全是黑乎乎的機油，你幹的活肯定又髒又累，你騙不了媽媽的，你再也不要花那些冤枉錢了，我的腿治不好的。』說完母親就落下淚來，她還說我要是不辭去現在的工作，她就絕食！」

「一時間我不知道怎樣回答母親，藉故給她洗衣服從屋子裡逃了出來。等我洗好衣服的時候」驚奇地發現我的手是那麼白，我就有了主意，馬上跟母親說我決定辭去現在的工作，母親笑了。其實第二天我還是來這裡幹修車的活，只是下班後我先剪短、銼平了自己的指甲，然後又把同事的工作服洗了才回家，因為洗的衣服越多手越白。母親檢查我的手時一點都沒發覺。爲了拿到相對多一些的薪水給母親治病，我一直在這家福利不錯的公司呆到現在。」

關師傅說完從抽屜裡拿了一些信紙給他。最後，他在那潔白的紙上寫下了：「親愛的媽媽：我在這裡一切都好，工作也很輕鬆……」

愛的細節是最有說服力的，足以使語言失去色彩，給親人最好的愛就是讓他們放心。

「得不到」和「已失去」

從前，有一座圓音寺，每天都有許多人上香拜佛，香火很旺。在圓音寺廟前的橫樑上有個蜘蛛結了張網，由於每天都受到香火和虔誠的祭拜的薰陶，蜘蛛便有了佛性。經過了一千多年的修煉，蜘蛛的佛性增加了不少。

忽然有一天，佛祖光臨了圓音寺，看見這裡香火甚旺，十分高興。離開寺廟的時候，不經意間抬頭，看見了橫樑上的蜘蛛。佛祖停下來，問這隻蜘蛛：「你我相見總算是有緣，我來問你個問題，看你修煉了一千多年來，有什麼真知灼見。怎麼樣？」蜘蛛遇見佛祖很是高興，連忙答應了。

佛祖問道：「世間什麼才是最珍貴的？」蜘蛛想了想，回答道：「世間最珍貴的是『得不到』和『已失去』。」佛祖點了點頭，離開了。

就這樣又過了一千年的光景，蜘蛛依舊在圓音寺的橫樑上修煉，牠的佛性大增。一日，佛祖又來到寺前，對蜘蛛說道：「你可還好，一千年前的那個問題，你可有什麼更深的認識嗎？」蜘蛛說：「我覺得世間最珍貴的是『得不到』和『已失去』。」佛祖說：「你再好好想想，我會再來找你的。」

又過了一千年，有一天，刮起了大風，風將一滴甘露吹到了蜘蛛網上。蜘蛛望著甘露，見它晶瑩透亮，很漂亮，頓生喜愛之意。蜘蛛每天看著甘露很開心，牠覺得這是三千年來最開心的幾天。突然間刮起了大風，將甘露吹走了。蜘蛛一下子覺得失去了什麼，感到很寂寞和難過。這時，佛祖又來了，問蜘蛛：「蜘蛛，這一千年，你可好好想過這個問題：世間什麼才是最珍貴的？」蜘蛛想到了甘露，對佛祖說：「世間最珍貴的是『得不到』和『已失去』。」佛祖說：「好，既然你有這樣的認識，我讓你到人間走一遭吧。」

就這樣，蜘蛛投胎到了一個官宦家庭，成了一個富家小姐，父母為她取了個名字叫蛛兒。一晃，蛛兒長到了十六歲，已經成了個婀娜多姿的少女，長得十分漂亮，楚楚動人。

這一日，新科狀元郎甘鹿中士，皇帝決定在後花園為他舉行慶功宴席。來了許多妙齡少女，還有皇帝的小公主長風公主。狀元郎在席間表演詩詞歌賦，大獻才藝，在場的少女無一不被他折倒。但蛛兒一點也不緊張和吃醋，因爲她知道，這是佛祖賜予她的姻緣。

過了些日子，說來也巧，蛛兒陪同母親上香拜佛的時候，正好甘鹿也陪同母親而來。上完香拜過佛，二位長者在一邊說上了話。蛛兒和甘鹿便來到走廊上聊天，蛛兒很開心，終於可以和喜歡的人在一起了，但是甘鹿並沒有表現出對她的喜愛。蛛兒對甘鹿說：「你難道不曾記得十六年前，圓音寺的蜘蛛網上的事情了嗎？」甘鹿很詫異，說：「蛛兒女孩，妳漂亮，也很討人喜歡，但妳想像力未免豐富了一點吧。」說罷，和母親離開了。

蛛兒回到家，心想，佛祖既然安排了這場姻緣，爲何不讓他記得那件事，甘鹿爲何對我沒有一點的感覺？

幾天後，皇帝下召，命新科狀元甘鹿和長風公主完婚，蛛兒和太子芝草完婚。這一消息對蛛兒如同晴空霹靂，她怎麼也想不通，佛祖竟然這樣對她。幾日來，她不吃不喝，窮究急思，靈魂就將出殼，生命危在旦夕。太子芝草知道了，急忙趕來，撲倒在床邊，對奄奄一息的蛛兒說道：「那日，在後花園眾女孩中，我對妳一見鍾情，我苦求父皇，他才答應。如果妳死了，那麼我也不活了。」說著就拿起了寶劍準備自刎。

就在這時，佛祖來了，他對快要出殼的蛛兒靈魂說：「蜘蛛，你可曾想過，甘露（甘鹿）是由誰帶到你這裡來的呢？是風（長風公主）帶來的，最後也是風將它帶走的。甘鹿是屬於長風公主的，他對你不過是生命中的一段插曲。而太子芝草是當年圓音寺門前的一棵小草，他看了你三千年，愛慕了你三千年，你卻從沒有低下頭看過它。蜘蛛，我再來問你，世間什麼才是最珍貴的？」蛛兒聽了這些真相之後，好像一下子大徹大悟了，她對佛祖說：「世間最珍貴的不是『得不到』和『已失去』，而是現在能把握的幸福。」剛說完，佛祖就離開了，蛛兒的靈魂也回位了，睜開眼睛，看到正要自刎的太子芝草，她馬上打落寶劍，和太子深深地抱著……

故事結束了，你能領會蛛兒在最後一刻所說的話的意思嗎？——世間最珍貴的不是「得不到」和「已失去」，而是把握現在的幸福。世界最珍貴的不是「得不到」和「已失去」，而是現在的幸福。

把握今天的幸福，不要苦苦執著於逝去的過去和幻想的縹緲虛無的未來，對眼前的真實幸福視而不見。把握現在，才會幸福，才不會有那麼多的癡憐和哀怨。

楓葉和存摺

一個男人病危，他讓醫院通知兩個女人。一個是他的情人，一個是他的妻子。兩個女人一前一後進了屋。

見到情人，男人的眼睛為之一亮。他慢慢地從貼身的衣兜裡，掏出一個電話本，然後從裡面摸出一片樹葉標本。他說：

「妳還記得嗎？我們相識在一棵楓樹下，這片楓葉正好落在妳的秀髮上，我一直珍藏著……我一輩子也忘不了妳。」

說完，他看到了緊跟情人而來的妻子。看上去，妻子焦急又憔悴。他以為妻子是不會來的，便一驚，然後眼裡湧出幾滴淚水。你望著我，我望著你。幾分鐘後，他緩緩地從枕頭底下，拿出一個錢包。他對妻子說：「讓妳受苦了，這是我積賺的全部積蓄，還有股權證、房產證，留給妳和兒子的，好好生活，我要走了……」

站在一邊的情人聞聽，氣得扔下那片楓葉標本，像樹葉一樣飛走了。而妻子卻緊緊地握住他的手，讓他在溫暖的懷抱中，慢慢地合上了雙眼。

在男人眼中，情人只不過是一朵花，花開花謝，當凋零時就不再芬芳，談情說愛時的甜言蜜語也不過是過眼雲煙，一旦生離死別，情人便如花瓣隨風而去；而妻子是自己的口袋和存摺，不起眼，扔在哪裡都只是一塊布，但最後還要靠它來裝滿名分和財產，還要把身後的寄託都留給妻子。

真愛無言

有一次，我問父親，與母親生活了這麼多年，是否向母親說過「我愛你」之類的話。

父親笑笑，沉默了一會兒，十分肯定地說：「沒有。」

「爲什麼不說呢？」我們的生活是多麼需要這樣一句話呀！

「這話太肉麻，不好說出口，其實生活中有些東西藏在心裡便是一種真實，一種深刻，說出來反而淡了。比如一生一世的愛情。」說到這裡，父親習慣性地拿出一根菸，點上，深深地吸了一口。母親正好經過，不由分說從父親手裡奪過那根菸，罵道：「醫生說過許多次了，要想多活幾年，就別抽那麼多菸，你總是不聽。」父親頗有些自豪地看著我，幸福而安詳地對我說：「看見了嗎？愛，這就是了。」

總有一天，我們都能從自己的生命體驗中懂得什麼是真正的愛情，或許它遠沒有書中編織的那般絢麗和完美，卻是真實而可靠的！就像我的父母親，他們這一輩子都沒有寫過愛情的詩句，但是他們卻在柴米油鹽醬醋茶的困擾中，在爲子女的日夜操勞中，找到了維繫他們愛情最堅實的感情線。

一菜一飯裡有著天長地久的愛情呀！愛不一定要說才顯得真實和長久，融會於平凡生活的每一個細節中，每件事情都是愛的詮釋，它們才是長久、美麗的。

悲傷

玉玉從小是奶奶一手帶大的，玉玉對奶奶的感情幾乎要勝過對媽媽的感情。

在奶奶疼愛中長大了的玉玉才剛剛學會疼愛奶奶，奶奶便去世了。

一向活潑開朗的玉玉這幾天一直沉默不語，辦公室裡頓時失去了往日的歡聲笑語。看著玉玉一副悲傷萬分的樣子，同事們連說話都小心翼翼的，唯恐一不小心誰說的哪句話傷著玉玉。

下班了，同事們都輕輕地走了。玉玉知道，同事們默默無聲的關心是一份真愛與尊重，她應該好好地去珍惜。玉玉也收拾了東西下樓了，外面還在下著雨。

玉玉撐著傘，無精打采地向車站走去。突然聽見有人按車喇叭，她停下來回頭看，一輛計程車幾乎以要停下來的速度慢慢地從玉玉身邊駛過。原來，連日的陰雨使不太平整的道路積了一灘水，計程車司機是怕把髒水濺到玉玉身上。剎那間，玉玉突然想起這幾天辦公室的冷清。連一個陌生的路人都不想把髒水濺到別人身上，我爲什麼要把自己的傷心「濺」到關心我的同事們身上呢？愛是應該把溫暖和快樂傳染給別人，把悲傷留給自己的。

把愛傳給別人，幸福、快樂就會翻倍；而把悲傷傳給別人，只能令人更悲傷。

愛殺

一位婦人哭訴，她的丈夫是多麼不懂得憐香惜玉，多麼橫暴無情，哭到後來竟說出這樣的話：「真希望他早點死，希望他今天就死。」

有人聽出婦人對丈夫仍有愛意，就對她說：「通常我們非常恨、希望他早死的人，都會活得很長壽，這叫做怨憎會。往往我們很愛、希望長相廝守的人，就會早死，這叫做愛別離。」

婦人聽了，感到愕然。

「因此，你希望丈夫早死，最有效的方法就是拼命愛他，愛到天妒良緣的地步，他就活不了啦。」我說。

「可是，到那時候我又會捨不得他死了。」婦人疑惑著。

「愈捨不得，他就愈死得快呀！」

婦人笑起來，好像找到什麼武林祕笈，歡喜地離開。

愛就是這麼個東西，讓你死去活來，又讓你恨之入骨，所謂愛得越深，恨得越深。

恨一個人最好的報復就是給予更深的愛，它會使恨黯然失色。

不可猶豫

有一個六歲的小男孩，一天在外面玩耍時，發現一個鳥巢被風從樹上吹落在地上，從裡面滾出了一個嗷嗷待哺的小麻雀。小男孩決定把牠帶回家餵養。

當他托著鳥巢走到家門口的時候，他突然想起媽媽不准他在家裡養動物。於是，他輕輕地把小麻雀放在門口，急忙走進屋去請求媽媽。在他的哀求下媽媽終於破例答應了。

小男孩興奮地跑到門口，不料小麻雀已經不見了，他看見一隻黑貓正在意猶未盡地舔著嘴巴。小男孩傷心了很久。但從此他也記住了一個教訓：只要是自己認定的事情，決不可優柔寡斷。這個小男孩長大後成就了一番事業，他就是華裔電腦名人——王安博士。

做事情不要太猶豫，「前怕龍，後怕虎」肯定會失去到手的已屬於自己的東西。

策略

巴黎的聖馬丁大教堂附近，每日遊客如織。一個盲人在此乞討。他的面前擺著一張紙條，上面寫著「我一出生就瞎了眼睛」的字樣，紙條上邊擺著個破帽子，但並沒有多少人給他錢。

一天，一位美國遊客到此遊玩，見此情景就和他的法國朋友打賭，說他有辦法讓那乞丐的帽子中盛滿錢。法國朋友自然樂於打賭，然後這位從事銷售工作的美國遊客就走上前去，把乞丐的紙條翻過來，在上邊重新寫了幾句話。

說來真怪，自從新句子擺出來後，不一會兒帽子中就裝滿了錢。

紙條上是這樣寫的：

「春天來了，各位到此欣賞美景，一定很快樂。而我卻什麼也看不見，因爲我一出生就失去了光明。」

可憐的祈求不如變成動心的詩歌，乾巴巴的事實不如變成令人同情的敍說，同樣一件事，卻是兩種截然不同的結果，語言的魅力在此顯現，而我們做其他事的時候，是否也應該這樣呢？

只留一幅

一個美國畫商看中了一個印度人的三幅畫，印度人說要兩百五十美元，畫商嫌貴。

印度人便燒掉其中的一幅。畫商見這麼好的畫被燒掉了，甚感心痛，問印度人剩下的兩幅畫賣多少錢。印度人還是要兩百五十美元，畫商又拒絕。

印度人又燒掉了其中一幅畫。

這時，畫商只好乞求道：「千萬別燒掉這最後一幅！」又問印度人這一幅畫要賣多少錢。印度人還是要兩百五十美元，畫商說：「難道一幅畫與三幅畫能賣一樣的價錢嗎？」於是印度人把這幅畫的賣價提高到五百美元，最後竟成交了。

有人問印度人爲什麼要燒掉兩幅畫。印度人說：「物以稀爲貴，再則，美國人收藏名畫，只要他愛上這幅畫是不肯輕易放掉的，所以我燒掉兩幅，留下一幅賣高價。」

聰明的印度人明白了「物以稀為貴」的道理和物品的價值，明瞭顧客的心，「趕鴨子上架」，最後反而賣出了更高的價格，而對方則坐失良機，平添了損失，可謂棋高一招。看來除了做事情不能猶豫外，還得用點心思，弄懂對方的想法才對。

木柴與斧頭

有一個人在院子劈柴，一整個下午他都汗流浹背地在工作。

鄰居看他工作了老半天，好奇地問他：「你在忙什麼啊？」

他搖搖頭指著那一堆木柴說：「忙了一下午，這大概是世界上最硬的木柴了，我簡直劈不動它。」

鄰居看看這些劈不開的木柴，笑著說：「讓我瞧瞧你的斧頭。」他接過去看了一下就說：「難怪你會這麼辛苦，你看，斧頭上的刀口都鈍了，先把斧頭拿去磨一磨，你就可以省去許多力氣。」

當你每天辛苦地工作，是否常覺得疲累又厭倦呢？先放下手邊的工作，靜思一下，

在安靜默想中調整自己的步驟和方向，這會讓我們達到事半功倍的效果，也能更明確地知道前面的道路。人容易在忙碌的工作中變得盲目、麻木，停下來充充電，磨磨刀，使自己更鋒利，走得更快，就不會每天費神費力而又迷茫。

專於精業

大科學家牛頓的衣服常常是不合時宜的；居里夫人結婚時有人要送她一件禮服，她堅持要一件深顏色的，而不要顏色鮮豔的，爲的是可以穿著它到實驗室工作；愛因斯坦從不講究衣著，他喜歡的是斯賓諾莎的名言：「要是袋子比其中的肉更好，那可是一件糟糕的事」。在生活上考慮多了，在事業上考慮就少了，有志者都懂得這個淺顯的道理。

牛頓結識了一位年輕的女孩，並且向她求了婚。有一次，他們外出散步，牛頓含情脈脈地拉著女孩的手。可是，他的腦袋卻不由自主地想起了他正在研究著的疑難問題。像做夢似的，他下意識地把對方的手指當做通煙斗的通條，直往他的煙斗裡塞。這位女孩疼得大叫不已，莫名其妙地看著牛頓。牛頓這才醒悟過來，痛心地向女孩道歉說：「啊，親愛的，饒恕我吧！我知道，感情這件事我真是不行了。看來，我是該一輩子打光棍。」

儘管女孩寬恕了牛頓，卻不能理解他，愛情終究成了泡影。科學上許多新的問題不斷湧向牛頓的腦海，他整個的身心都集中在科學事業上，所以終身未娶。

愛因斯坦有一種奇妙的自我隔絕的本領。在家裡他常左手抱著孩子，右手做著計算，孩子的啼哭聲和他哄孩子的聲音彷彿屬於另一個世界。在他自己的那個世界裡，僅有的聲音是分子、原子、光量子、空間、時間。

有人問著名指揮家托斯卡尼尼的兒子：「你父親認爲一生中最大的成就是什麼？」他聽到的回答是：「在我父親眼中沒有所謂最大的成就，只要他正在做什麼，那就是他最重要的事，不論他是在指揮樂隊還是在剝一個橘子。」不難看出，全神貫注是他成功的祕訣。

人的精力是有限的，一件事想得多了，另一件事就少了。沒有人能一心多用，偉大的人成功就在於對工作專一，投入了全部的精力，不浮躁，不虛榮，鍥而不捨，終鏤金石。蚯蚓「上食埃土，下飲黃泉」，並無「爪牙之利」而「蟹六跪而二螯」，也只能「非蛇鱔之穴無可寄託」，可見，成功不在於吃穿住行的檔次，而在於人投入的精力。

事無巨細

從一件小事，能看出一個人。

有三個人去一家公司應徵採購主管。他們當中一人是某知名管理學院畢業的，一名畢業於某商院，而第三名則是一家私立高校的畢業生。在很多人看來，這場應徵的結果是很容易判斷的，然而事情卻恰巧相反。經過一番測試後，留下的卻是那個私立高校的畢業生。

在整個應徵過程中，他們經過一番測試後，在專業知識與經驗上各有千秋，難分伯仲。隨後招聘公司總經理親自面試，他提出了這樣一個問題，題目爲：

假定公司派你到某工廠採購四千九百九十九個信封，你需要從公司帶去多少錢？

幾分鐘後，應試者都交了答卷。

第一名應徵者的答案是四百三十元。

總經理問：「你是怎麼計算的呢？」

「就當採購五千個信封計算，可能是要四百元，其他雜費就算三十元吧！」答者對應如流。

但總經理未置可否。

第二名應徵者的答案是四百一十五元。

對此他解釋道：

「假設五千個信封，大概需要四百元，其他可能還需用十五元。」

總經理對此答案同樣沒表態。

但當他拿起第三個人的答卷，見上面寫的答案是四百一十九點四二元時，不覺有些驚異，立即問：

「你能解釋一下你的答案嗎？」

「當然可以，」第三個應徵者自信地回答道，「信封每個八分錢，四千九百九十九個是三百九十九點九二元。從公司到某工廠，乘汽車來回票價十元，午餐費五元，從工廠到汽車站有一里半路，請一輛三輪車搬信封，需用三點五元。因此，最後總費用爲四百一十九點四二元。」

總經理不覺露出了會心的一笑，收起他們的試卷，說：「好吧，今天到此爲止，明天你們等通知。」

事無巨細，不做則已，做則做到盡善盡美，細緻認真，這樣的人才具備做大事的品質，成功就自然屬於他。

范文正拔士

范仲淹任用士人，一向注重人品而不拘小節，如孫威敏、騰達道，都深受重視。范仲淹擔任西北軍事長官的時候，所選用的幕僚大都是一些被貶謫而尚未復官的人。有人覺得這很奇怪，范仲淹說：「有才能而沒有過失的人，朝廷自然會任用他們。至於那些不幸被官吏評議而遭處罰的可用之才，若是不借機起用他們，就會變成廢人了。」因此范仲淹麾下人才濟濟。

范仲淹作爲一代名相，其文學傑作《岳陽樓記》中發出的感慨「先天下之憂而憂，後天下之樂而樂」，爲後來者所崇尚效仿。范仲淹身世坎坷，從社會的底層一步一步走到高級領導層，經驗和閱歷極其豐富，充分瞭解民間的疾苦，對基層的情況有深刻的認識，所以他任用人才的時候會注重人品，以簡樸而實際的眼光看待人才的取捨，並大膽使用被貶謫的官員。更令人感動和佩服的是，范仲淹具有強烈的責任感，千方百計利用人才，避免人才流失，爲國家挽回了不少損失。

使用人才不拘小節，是領導者的理想境界。不過，實際操作起來卻難免世俗偏見的干擾。一些小事上不夠審慎的人才很可能會受到非議，而遭受處分的人才也可能因為受到同事不公正的待遇而沉淪下去，這都是組織的損失。如果領導者不能在這一方面有所作為，組織中的士氣總會受影響，畢竟人才不平則鳴，氣氛也難以活躍。不拘一格用人才，用的是員工、下屬的優點與長處，也需要領導者有提拔人的魄力、眼光和勇氣，所謂「同聲相和，同愾相求」，上下合鳴，才能「順暢」。

李德裕平謠言

唐敬宗寶歷年間，亳州一帶傳說出產聖水，有病的人喝了以後立即痊癒。於是從洛陽到長江以北幾十個郡的人，爭相捐錢取水，亳州人獲利上千萬錢。消息不斷傳遞，就像真的一樣。當時李德裕在浙西任職，他叫人在市集上用鍋盛上聖水，放五斤豬肉進去煮，並說道：「如果真是聖水，豬肉就應該沒有任何變化。」不久之後，肉煮熟了。從此人心稍微安定一些，謠言也就在不久以後平息了。

謠言生事，在中國歷史上時常出現，往往造成規模不小的震盪。出現這類事件，與中國歷史的獨特架構有關，因爲中國傳統上官民劃分很嚴格，百姓基本上處於自治之中，但是又極其缺乏教育資源，人格單一，比較容易受謠言的影響。遇到這種事件，最忌諱興師動眾，使用強權彈壓。李德裕很鎮定，瞭解到此類事件只是針對民眾的心理層面，所以無須大動干戈，只要消除民眾心中的迷惑，用科學的方法來證偽，謠言就會不攻自破。

李德裕的手法中，值得我們推敲的是如何利用公共政策解決特殊問題。謠言生事屬於「私」的範疇，最好的方法是將問題擺到檯面上，用正常的方法解決。這樣處理，所耗費的人力和物力是比較合算的。相反，如果換一種手法，很可能會亂上添亂，耗費很大不說，收效也無法令人滿意。統籌全域者切忌自亂陣腳，處理緊急事務需找出其破綻和癥結，盡可能以正常、公開、透明的手段去解決和處理，謊言自然會平息。

身體力行

張需擅長治理民眾，先是擔任鄖州的佐吏。當地河渠淤積，水田廢棄了數十年，歷任太守都無法加以疏通。張需剛到任，太守和他談及這件事情，擔心疏通河渠耗費民力。張需前往察看，說：「只要有若干人，三天就可以做完。」太守很是奇怪，以爲他是信口胡說。張需招集到需要的人數後，讓他們各自攜帶器具，分別量好長度，盡力而爲，果真三天就完成了。太守非常吃驚，還以爲是有神靈相助。後來張需轉任霸州太守，看到當地有很多百姓遊手好閒，以討飯爲生，於是在每一個里甲都放置一本公文簿，列出遊手好閒者的戶口，每戶都要報告男女大小人丁的數目，讓他們一起去種植米、麥、桑、棗，紡織的器具，雞和豬的數目，都明白地記載在上面。閒暇的時候，張需就親自下鄉檢查戶簿，有短缺的就加以處罰。於是，百姓都勤勉努力，不敢偷懶。不到兩年，家家戶戶都有了固定的產業，百姓生活日益富足。

張需可以在三天內就將河渠疏通，使廢棄多年的水田得以利用，從反面證明了當地官員嚴重的形式主義作風。像這樣關係到當地農業收成的大事，大家都在議論卻無法解決，只能說明缺乏幹才，沒有認真地做實地分析。其實，只要有人願意虛心地向農民討教，就能找到解決辦法。再根據實地獲得的資料，詳細地推算人工、物質資料和工作進度，完全可以遊刃有餘地予以處理。張需在霸州解決遊食問題，也是針對當地的實際情況，利用里甲的管理功能，透過連帶責任的方法加以抑制。同時，他又透過促進農業生產的方法，從根本上解決了問題。

工作中要注重實際調查和經歷，沒有調查，就沒有發言權。只有瞭解實際情況，再加上真抓實幹，事情才會解決。

不經歷青澀，怎麼會成熟

一九七一年的一天，在英國倫敦尤斯頓火車站，一個十八歲的小夥子帶著一身風塵徘徊在車站中，目光迷茫。爲了實現自己做搖滾明星的夢想，年少氣盛的他獨闖倫敦這座陌生的大都市。因爲他是第一次來到倫敦，城市的繁華和龐雜迷亂讓這個來自愛丁堡的青年有些不知所措。因爲一時沒有找到合適去處，最後只好到尤斯頓火車站附近的一家公園，在一個長椅上睡了一夜。

當年這位初闖倫敦在公園長椅上睡過一夜的青年，就是英國卸任的首相布雷爾。這是他在進入大學就讀前遊歷時發生的一件事。三十多年後，他的夫人謝麗在唐寧街十號的一次招待會上向來賓們講述了這件陳年舊事，聽者無不感到震驚和難以置信。首相府發言人隨即鄭重聲明確有其事，強調當時不是因爲缺少錢「窮得叮噹響」，而是他初來倫敦，身在異鄉，一時間找不到合適的落腳點所做出的選擇。作爲英國首相，如今的布雷爾可以說是聞名天下，位高權重，即便這樣，他也曾經有過年少懵懂的青澀歲月。

大有作為的人，也有「青澀」的歲月，這也是人生的營養。把青澀當做成功路上的新的起點，不迷失，不自卑，不歎息，而是去挑戰未來，在打拼中成熟，在成熟中成功！

獵殺山雞

有一位老獵人帶著三個孩子，到森林裡去打山雞。
他們到了森林。
父親問老大：「你看到了什麼？」
老大回答：「我看到了獵槍，還有山雞，還有一望無際的森林。」
父親搖搖頭。
父親以同樣的問題問老二。
老二回答說：「我看見了爸爸、大哥、弟弟、獵槍，還有森林。」
父親又搖搖頭。
父親又以同樣的問題問老三。

老三回答：「我只看到了山雞。」
父親高興地說：「你答對了。」

明確目標，盯緊目標，其他的都是干擾。成功來源於目標的明確和堅定，即目標要具體、量化。

成功的道理其實很簡單

一頭老駱駝在垂暮之年，又一次穿越了號稱「死亡之海」的千里沙漠，凱旋歸來。馬和驢請老駱駝去聊聊經驗。

「其實沒有什麼好說的，」老駱駝說，「認準目標，耐住性子，一步一步往前走，就到達了目的地。」

「就這些？沒有了？」馬和驢問。

「沒有了，就這些。」駱駝平靜地說道。

「唉！」馬說，「我以為牠能說出些驚人的話來，誰知三言兩語就完了。」馬失望地走開了。

「一點也不精彩，令人失望。」驢也走了。

成功很簡單，也很單調，那就是駱駝樸實的話中所包含的道理：認準目標，耐住性子，一步一步往前走，就能到達目的地。成功沒有太多的豪言壯語和掌聲鮮花，那些不過是成功後的點綴而已。

等待時機的人

有一個年輕人茫然地靠在一塊大石頭上，懶洋洋地曬著太陽。這時，從遠處走來一個矮個老人。

「年輕人，你在做什麼？」矮個老人問。

「我在這兒等待時機。」他回答。

「等待時機？哈哈！你知道什麼是時機嗎？」矮個老人問。

「不知道。不過，聽說時機是個很神奇的東西，它只要來到你身邊，那麼，你就會走運，或者當上了官，或者發了財，或者娶個漂亮老婆，或者……反正，美極了。」

「嗨！你連時機什麼樣都不知道，還等什麼時機？還是跟著我走吧，讓我帶著你去做幾件於你有益的事吧！」矮個老人說著就要來拉他。

「不去，不去！少來添亂！我才不跟你走呢！」他不耐煩地說。矮個老人歎息著離去。

一會兒，一位長鬍老人來到他面前問道：「你抓住他了嗎？」

「抓住他？他是什麼？」他問。

「他就是時機呀！」

機遇來臨，就要抓住它。但也只有行動起來，才能抓住它，等待是不會得到機遇的，應該自己不斷地把握和創造。

創造機會

有一次，一位女推銷員到拿破崙・希爾的辦公室，向他推銷報刊，其中一種就是《週六晚郵》。但她的推銷方法與眾不同。她看了看他的書桌，發現書桌上擺了幾本雜誌，然後，忍不住熱情地驚呼：「哦！我看得出來，你十分喜愛閱讀書籍和各種雜誌。」

聽了她的話，拿破崙・希爾把稿子放了下來，想要聽聽她還會說些什麼。

只是簡單的一句話，她為自己創造了推銷的機會。

敲開機會和成功之門，要靠一定的方法、技巧。

把失敗當提名獎

Simple Stories, Precious Facts

入建築界四年後，他的事業漸漸雲開霧散。先是一家大財團與他聯繫，欣賞他的創意，有一項大工程正在招標期；又有一位素昧平生的建築界泰斗，來信詢問他是否有意加入他的工作室；還有一家出版社，正在策劃十年建築成果集，將把他的作品選編入內。

那段日子，他春風得意了一陣子，卻沒想到，機會的消逝會像它們來時一樣的突兀與匆忙。大財團的工程落入一位名家手中；泰斗的口氣忽然猶豫推託，不久後，他在報紙上看到另一年少才俊加入；十年成果集不明不白地就沒了。

因此，有很長一段時間，他只覺意興闌珊，甚至想到放棄。直到偶爾一次翻電影畫報，說到演《鐵達尼號》的男主角，因為只獲得奧斯卡獎提名，卻不曾因為沒得獎而憤憤不平。他忍不住笑出來，想到了自己。

他也就是得了提名獎吧？是他日復一日的不懈努力，才使他有機會被提名，踏入賽場與眾人角逐，而他的功虧一簣，也許是輸給時間，也許是輸給機遇，也許是真的——還不夠出色。

但他的汗水與希望種植在綠茵場上，而他還會重來，爭取一次一次地被提名，直到最終走入光環的中央。所有失落的痛楚，都是因為懷有希望；而他與勝利的擦肩而過，其實只說明他與未來已是咫尺之間。

在通往成功的天梯上，必須學會把失敗當做提名獎。

王冕畫荷

明朝有個大畫家，名叫王冕，最擅長畫荷花。許多人爲了要他的荷花畫，都不辭辛苦，從老遠的地方趕來。

王冕雖然很有名，但是小時候卻很貧困，白天替人放牛，晚上自學。

有一天，王冕在湖邊放牛時，忽然下起一陣雨，一會兒雨停了，但是湖裡的荷花和荷葉卻被雨水沖洗得非常乾淨。王冕看了非常喜愛，便想把它畫下來，於是趕緊用身上的一點零用錢買了紙和筆來開始作畫。起初當然畫得不怎麼好，可是王冕並不氣餒，仍然不停地畫，最後終於越畫越像，就跟真的一樣。王冕便把荷花畫拿去出賣，賣畫的錢拿回家孝敬母親。

王冕因爲荷花畫得很好，許多人爭相購買，他的環境便因此漸漸好轉，不再替人放牛了。同時他的名聲也漸漸遠播，終於成爲一個全國有名的大畫家。在學術上、專業上有所造詣的人不過是比常人付出更多的努力而已。

不斷地學習，不斷地下工夫，技藝終會越來越精。做事情，學東西，應該勤奮不懈，直到精湛。

配合默契

在楚國的都城郢地，有這樣一個泥水匠。有一次，他在自己的鼻尖上塗抹了一層像蒼蠅翅膀一樣又薄又小的白灰，然後請自己的朋友、一位姓石的木匠用斧子將鼻尖上的白灰砍下來。石木匠點頭答應了。只見他毫不猶豫地飛快掄起斧頭，一陣風似的向前揮去，一眨眼工夫就削掉了泥水匠鼻尖上的白灰。看起來，石木匠揮斧好像十分隨意，但他絲毫沒有傷著泥水匠的鼻子；泥水匠呢，接受揮來的斧頭也算是不要命的，可是他卻穩穩當當地站在那裡，面不改色心不跳，泰然自若。倒是旁邊的人爲他們捏了一把冷汗。

後來，這件事被宋元君知道了。宋元君十分佩服這位木匠的高超技藝，便派人把他找了去。宋元君對姓石的木匠說：「你能不能再做一次給我看看？」

木匠搖搖頭說：「小人的確曾經爲朋友用斧頭砍削過鼻尖上的白灰。但是現在不行了，因爲我的這位好朋友現在已不在人世了，我再也找不到像他那樣跟我配合默契的人了。」

精湛的技藝，高深的學問，傳神的功夫，都是要靠一定的人和事的配合，依賴於一定的外界條件和襯托，否則，個人的智慧和技藝就難以施展。

知妻的丈夫

從前，有個人去拜訪多年沒見的好友，發現好友竟然已娶兩房，兩個老婆長相與身份地位相差極大，就忍不住問其原因。好友回答說：「長得漂亮的是李員外的千金，總以爲漂亮，所以舉止傲慢，可是我卻不認爲她多漂亮，所以讓她做粗活；另一個黑黑的是街頭賣燒餅的女兒，從小凡事都很謙虛，我卻不認爲她醜，就讓她管錢財。」

用人不單憑其外表、出身，要看他的特長、本質，這樣才會物盡其用，人盡其用，而不會看錯將，調錯兵。

採訪感悟

一個年輕的記者去採訪日本著名的企業家松下幸之助。年輕人很珍惜這次採訪機會，做了認真的準備。因此，他跟松下幸之助先生談得很愉快。採訪結束後，松下先生親切地問年輕人：「小夥子，你一個月的薪水是多少？」

「薪水很少，一個月才一萬日元。」小夥子不好意思地回答。

「很好！雖然你現在的薪水只有一萬日元，其實，你知道嗎，你的薪水遠遠不止這一萬日元。」松下先生微笑著對年輕人說。

年輕人感到很奇怪：不對呀，明明我每個月的薪水只有一萬日元，可是松下先生爲什麼會說不止一萬日元呢？

看到年輕人一臉的疑惑，松下先生接著說：「小夥子，你要知道，你今天能爭取採訪到我的機會，明天也能同樣爭取到採訪其他名人的機會，這就證明你在採訪方面有一定的潛力。如果你能多多累積這方面的才能與經驗，這就像你在銀行裡存錢一樣，錢存進了銀行是會生利息的，而你的才能也會在社會的銀行裡生利息，將來能連本帶利地還給你。」

松下先生的一番話，使年輕人茅塞頓開。

年輕人的路很長，注重能力的提高和經驗的累積比眼前的薪水重要，因為它是人生存的資本。

失誤是一劑良藥

有一次，古埃及國王胡夫舉行盛大的國宴，廚工們忙得團團轉。一名小廚工不慎將剛煉好的一盆羊油打翻在灶邊，嚇得他急忙用手把混有羊油的炭灰一把一把地捧起來扔到外邊去。扔完後趕緊洗手，手上竟出現滑溜溜、黏糊糊的東西，而且洗後的手特別乾淨。

小廚工發現這個祕密後，便悄悄地把扔掉的羊油炭灰撿回來，供大家使用，結果每個廚工的手都洗得又白又淨。

後來，國王胡夫發現廚工們的手和臉潔白乾淨，沒有了以往的油垢，便盤問起來。小廚工如實道出了原委。國王胡夫試後讚不絕口。很快，這個發現便在埃及全國推廣開來，並傳到了希臘和羅馬。在這個發現的基礎上，人們研製出了流行世界的肥皂。

一八八六年，亞特蘭大市一個名叫潘伯頓的業餘藥劑師以柯樹葉和柯樹籽爲基本原料，經過多次的試驗，製成了一種具有興奮作用的健腦藥汁，這便是美國最初上市的可口可樂。但可口可樂的銷量很低，潘伯頓非常焦急。

某天，一位頭痛難忍的病人請求服用健腦藥汁。店員在配藥時誤注了蘇打水。病人一飲而盡，待店員發覺且束手無策時，病人的頭痛卻止住了。潘伯頓頗受啓發，立即往健腦藥汁中加入定量的蘇打水，並在「包治神經百病」的廣告旁加上了「清醇可口、益氣壯神」等讚語。可口可樂奇蹟般地從藥劑搖身一變而成風行世界的飲料，其銷量與日俱增。

有一個德國工人，在生產書寫紙時不小心弄錯了配方，生產出一大批不能書寫的廢紙。他被扣工資、罰獎金，最後還遭到解雇。正當他灰心喪氣的時候，他的一個朋友提醒他，讓他仔細想一想，能否從失誤中找到有用的東西。於是，他很快認識到，這批紙雖然不能做書寫用紙，但是吸水性能相當好，可用來吸乾器具上的水。於是，他將這批紙切成小塊，取名「吸水紙」，投到市場後，相當搶手。後來，他申請了專利，成了大富翁。

失誤是猛醒的良藥，是正確的先導，也是寶貴的經驗。失誤並不都是錯誤，有的甚至有神奇的結果和重大的發現。總結失誤，能創造新的事物。

落選的原因

一家著名的國際貿易公司高薪招聘業務人員，應徵者絡繹不絕。在眾多的應徵者中，有一位年輕人條件最好，畢業於知名大學，又有在外商公司工作三年的經驗，所以他坐在主考官面前時，非常自信。

「你在外商公司主要是做什麼？」主考官開始發問。

「做山野菜。」

「哦，做山野菜。那你說說，對業務人員來說，是產品重要，還是客戶重要？」

年輕人想了想，說：「客戶重要。」

主考官看了看他，又問：「你做山野菜應該知道，山野菜中，菠菜出口主要是對日本，以前銷路非常好，有多少收多少，可是最近幾年，國外客商卻不要了，你說說爲什麼。」

「因爲菜不好。」

「那你說說，爲什麼不好？」

「嗯，」年輕人停頓了一下，「就是品質不好。」

主考官看了看他，說：「我敢斷定，你沒有去過產地。」年輕人看著主考官，沉默了三十秒鐘，沒有說是，也沒有說不是，卻反問：「你說說怎麼能看出我去沒去過？」

「如果你去過，就應該知道爲什麼菜不好。採集野菜的最佳時間只有十天左右，這期間的野菜鮮嫩好吃，早了不成，晚了就老了。採好後，要攤開放在地上晾曬一天，第二天翻個面，再晾曬一天，把水分蒸發乾，然後再成把捆好，裝箱。等食用時放在涼水裡浸泡一下就可以了。可是當地農民爲了多採多賣，把野菜採到家，來不及放在地上晾曬。而是放在熱炕上暖，這樣只用兩個小時就烘乾了。這樣加工處理的野菜，從外表上看都一樣，可是食用時，不管放在水裡怎麼泡，都像老樹根一樣，又老又硬，根本咬不動。國外客人發現後，對此提出警告，一次，兩次，還是如此。結果，人家乾脆封殺，再也不從我國進口了！」

年輕人聽了，不好意思地低下頭說：「我是沒有去過產地，所以不知道你說的這些事。」

年輕人帶著遺憾走出公司的大樓。這位最有希望入選的年輕人，最終沒有被錄取。這樣的結局，從他離開主考官的那一刻，就已經知道了。他非常清楚：像這樣著名的公司，是不會錄取他這樣一個在外貿工作三年、整天陪客戶吃飯卻沒有去過一次產地的業務人員的！

工作不是吃吃喝喝，是踏實認真。人生貴在真實，生活也是，工作也是。

出奇制勝

一九七四年，美國普拉公司成功地推出了「拍立得」相機。爲了迅速推廣這種新產品，他們在推出地點上頗費了一番心思，最後選擇了遊客最多的邁阿密。

一天，風和日麗，陽光燦爛，邁阿密海水浴場人如潮湧。在眾多遊客中有一位妙齡女郎，她款款走入水中，隨即像美人魚似的潛入了深水區。她一會兒蛙泳，一會兒仰泳，其優美的泳姿吸引了海灘上許多遊客的目光。突然，女郎雙手飛舞，長髮紛飛，在水中掙扎起來。遊客從驚愕中清醒過來，不約而同地高喊：「出事了！那女孩可能抽筋了。」正當千鈞一髮之際，一個身材頎長的青年男子躍入海中，很快將女郎救出水面。當人們圍攏上來向他們表示慶幸慰問時，有個手持照相機的攝影者擠進了人群，將一些照片拿出來讓人們觀賞。這些照片再現了剛才驚心動魄的一幕：優美的風光、驚險的場面、美麗的溺水女郎、矯健的青年救護者，還有臉部表情各異的遊人。包括看照片的人在內，人們的注意力從現場一下子轉移到了動人逼真的照片上來了，紛紛發出驚訝的提問：這是怎麼回事？照片竟這麼快就印出來了，簡直是奇蹟！攝影者高高舉起相機，得意地說：「這是普拉公司的新產品——『拍立得』相機，拍攝後六十秒鐘即可取得照片。」遊客爭先恐後觀看這種新型的一次成像相機。

原來這是普拉公司為推出「拍立得」相機而精心策劃的一場戲。遊客們回味著剛才驚心動魄的一幕，對「拍立得」的神奇功效不由得連聲稱歎。普拉公司為什麼選擇邁阿密海邊作為推出新產品的地點呢？原來邁阿密美麗的風光吸引著全國各地的遊客，它的海濱浴場更是遊客神往的地方。在此採取巧妙的形式推出神奇的「拍立得」必然引起來自全國的遊客的矚目，他們回去以後就成了「拍立得」的熱心宣傳員。這樣，新產品的消費很快就會傳向全國各地。當然，結果也是令人滿意的，「拍立得」在一九七四年於全國各地上市後，人們爭相購買，在有些地方甚至把櫥窗的陳列樣品也賣掉了。

再看看反時針手錶的故事。

手錶在瑞士誕生四百多年來，儘管不斷更新換代，但錶針「右旋」（即順時針方向走動）的「規矩」卻從沒改變過。近日，大陸杭州左旋科技開發有限公司推出的專利產品左旋牌表卻打破了這一沿襲幾百年的「規矩」。這種「反時針」的手錶一經推出，便銷售一空。

儘管左旋手錶的生命力究竟如何，還很難定論，但它符合人們求新求異的消費需求，因而獲得了消費者的青睞。當然，產品的開發並非「別出心裁」就能包打天下的。據介紹，左旋手錶除了手錶指針走動的方向打破了常規外，其款式、功能等方面也是棋高一招。在品質和功能方面，選用一流的材料，並增設了防水、防震的功能，還以左旋的運動方向順應自然規律的原理開發健身、美容等功能。

酒香不怕巷子深的老觀念，已經過時了，再好的產品如果得不到人們的認同也只能是廢品。只有敢於標新立異，以新的方式來宣傳銷售，才能搶佔市場先機，取得最後的勝利。好女也要有人說媒，好的產品要得認同，必須標新立異，用別出心裁的廣告去做宣傳，才能占領市場。

釣魚的啟示

天仁茶葉公司創始人李瑞河，家中數代以種茶爲生。在他決心創業、開設茶莊賣茶時，爲茶莊開設的地點，曾經大費心思。當時，有人建議他到台南縣的佳里鎮、麻豆鎮去開茶莊，因爲這兩個地方都沒有茶莊，不存在競爭壓力。

有一天，李瑞河騎著摩托車到佳里、麻豆、善化一帶去實地考察。他跑遍了這幾個地方，黃昏時，回到台南市，在當時一個名叫「天仁兒童樂園」的涼亭裡休息，思考今後要走的方向。忽然他看到涼亭旁的池塘邊，有好幾個人在釣魚，池塘雖小，但總有人釣到魚。這使他回想起自己小時候，在故鄉南投有一個大池塘。只有他一個人經常去釣魚，可是有時候卻一整天釣不到一條魚。

李瑞河因此而悟出了一個道理：池塘雖大，但沒有人釣魚，因爲裡面沒有魚。池塘雖小，但很多人搶著釣，也可以釣，因爲裡面魚很多。

因此，要開設茶莊，一定要到茶莊很多的地方去開，才是正確的做法。當時台南市有十三家茶莊，表明那裡有很多茶業的消費者，只要品質好，服務好，價錢公道，不怕沒生意。如果到茶莊很少的地方開茶莊，必然會失敗，因爲那裡根本很少有消費者。

由於這個釣魚的啓示，李瑞河終於決定在台南市開設第一家茶莊，他也因此而確定了日後三十年創業投資的方向。

成功的關鍵不在於沒有對手，而是如何能在同行中做得最好。在一個沒有魚的大池塘釣魚，雖然占盡地利，到最後也只能是竹籃打水。

只是一杯茶

對日本人來說，泡茶招呼客人是一個重要的儀式。如果泡的茶不好喝，客人常會直接推斷這個公司一定管理不好，所以泡茶事小，卻是重要性很高的工作。

有位大學畢業的少女，非常嚮往記者的工作，而去報考新聞機構。她被錄取了，但是因爲尚無記者的空缺，主管叫她暫時做爲同事泡茶的工作。作爲一個滿懷夢想的大學生，只爲大家泡茶，心裡當然非常失望。不過，想到公司也不是有意輕視她，待遇也不錯，就安慰自己不用急，將來還是有機會的。於是，坦然去上班，每天爲同事泡茶倒茶。

三個月後，她開始沉不住氣了，總想著：「我好歹也是大學生！卻天天來泡茶。」這樣一想，她就不像從前那樣愉快，泡出來的茶也就一天不如一天了，但她並未察覺。

某天她泡好茶端給經理，經理喝了，就大罵起來：「這茶怎麼泡的！難喝得要命。

虧你還是大學畢業呢！連泡杯茶都不會。」她真的氣炸了，幾乎哭了出來：「誰願意在這個鬼地方繼續泡茶呢！」正準備當場辭職的時候，突然來了重要訪客，必須好好招待。她只好收拾起不滿與委屈，心想，反正要離開了，就好好泡一壺茶吧！於是，認真地泡好茶。當她把茶端進去，轉身剛要離開時，突然聽到客人由衷的一聲讚歎：「哇！這茶泡得真好。」別的同事，連那位罵她的經理都端起來喝，紛紛情不自禁地讚美：「這壺茶真的特別好喝！」就在那一刻，她自己也呆住了。只是小小的一杯茶而已，竟然造成那麼大的差異，或被上司罵，或被大家讚不絕口，這茶裡顯然有很深奧的學問，要好好地去研究。

從此以後，她不但對水溫、茶葉、茶量都悉心琢磨，就連同事喜好、心情，也細心地體會。甚至連自己泡茶時的心情狀態會帶來的結果，也瞭若指掌。很快，她成爲公司的靈魂人物。不久她被升爲經理，因爲老闆想：「泡茶時那麼細緻專心的人，一定是很精明難得的人才！」

把小事做好，大事才會有希望；拒絕小事，就表現不出做大事的品質。認真地對待每件小事，終會受益一生的。

小事成就大業

在我們的印象中，擦鞋絕對是一個難登大雅之堂的職業，如果有人以此終生爲業，那他一定不會有多大的出息。實際上呢？我們卻想錯了，一個名叫源太郎的日本人，就是憑藉擦鞋，成就了自己輝煌的人生。

多年前，身爲化工廠工人的源太郎失業了。一個偶然的機會，他從一位美國軍官那裡學會了擦鞋，他很快就迷上了這種工作。只要聽說哪裡有好的擦鞋匠，他就千方百計地趕去請教、虛心學習。

日子一天天地過去了，源太郎的技藝越來越精。他的擦鞋方法別具一格：不用鞋刷，而用棉布繞在右手食指和中指上代替，鞋油也自行調製。那些早已失去光澤的舊皮鞋，經他匠心獨運的一番擦拭，無不煥然一新，光可鑒人，而且光澤持久，可保持一周以上。更絕的是，憑著高深的職業素養，源太郎與人擦肩而過時，便能知道對方穿何種鞋；從鞋的磨損部位和程度，他可以說出這人的健康和生活習慣。他的精湛技藝，打動了東京一家名叫「凱比特東急」的四星級飯店，他們將源太郎請到飯店，爲飯店的顧客擦鞋。

令人驚訝的是，自從源太郎來到「凱比特東急」之後，演藝界的各路明星一到東京便非「凱比特東急」不住；一向苛刻挑剔的明星們對此情有獨鍾的原因非常簡單，就是享受一下該店擦鞋的「五星級服務」。當他們穿著煥然一新的皮鞋翩然而去時，他們的心裡深深地記下了源太郎的名字。

源太郎爐火純青的技術、一絲不苟的精神和非同凡響的效果，爲他贏得了眾多顧客的青睞。他的老主顧不只來自東京京都、北海道，甚至還有香港、新加坡等地。在他簡樸的工作室內，堆滿了發往各地的速寄紙箱。如今的源太郎，早已成爲「凱比特東急」的一塊金字招牌。源太郎的努力，爲他自己創造出一份輝煌的業績。

只要我們用心去做，哪一件小事不能成就大業呢？

舉步是什麼都別想

有一隻體重達八千六百公斤的大鯨魚，能躍出水面六點六公尺表演各種動作，令觀者驚歎不已，非常欽佩這隻大鯨魚的訓練師。這位偉大的訓練師透露了他的絕活。剛開始時，他在水下安置一條繩子。鯨魚每次從繩子上方通過時就會得到魚吃，訓練師就拍拍牠並和牠玩，以此對牠表示鼓勵。

當鯨魚從繩子上方通過的次數逐漸多於從下方經過的次數時，訓練師就把繩子稍稍提高一點兒。

只不過提高的速度必須很慢，不至於令鯨魚因爲過多的失敗而沮喪。

如果一開始訓練師就告訴大鯨魚：「快！躍起來！並且達到規定的高度，這樣你將會成爲一個出色的表演明星，那時候人們將會爲你喝彩，爲你發狂，這樣你可以得到你喜歡的一切，想想，那該有多麼風光！」

「你有沒有搞錯，就憑我這個體重？恐怕你先得幫我減肥。」鯨魚如是回答可想而知，牠非但不會被打動，反而會認爲訓練師在開玩笑。而訓練師運用一個小小的設計，卻使鯨魚在不知不覺中越過極限，取得了超凡的成功。

人之所以有時候會被困難嚇倒，往往是因為不相信自己能夠達到預定的目標。所以，在舉步的時候不妨什麼都別想，只是簡簡單單地朝目標去努力。那樣，在不知不覺中你也許就越過了自己的極限。

有志不怕年高

速食的王國麥當勞到一九八五年年底爲止，總共賣出了六百億個漢堡，如果一個接一個排在一起，從地球排到月球，來回可繞七圈。

一九八五年，麥當勞在美國地區的營業額高達一百一十億美元。大家可能不知道，這個龐大企業的創辦人雷・克洛，他在一九五四年創業時，已經五十二歲了。他非但年過半百，而且一身是病：他割掉膽囊，罹患糖尿病與關節炎，甲狀腺還有腫大的現象。

當時雷・克洛正到處推銷一種奶昔拌合器，此種機器可同時做出六份奶昔。有一天，一個酒吧老闆告訴他，在加州聖貝納予奴有一家麥當勞兄弟漢堡店，一口氣訂了八個奶昔拌合器，也就是說一次必須供應四十八杯奶昔。雷・克洛心想：「哇！一次供應四十八杯奶昔，生意真好，真是聞所未聞，我一定要去看看。」

不久，他就去參觀麥當勞漢堡店，他不只看到了這家店的作業流程，而且看出了這門生意連鎖經營的潛力。當時麥氏兄弟在加州已有十家連鎖店，但無意再擴大。雷・克洛以三寸不爛之舌說服他們讓他去推銷連鎖店。

六年後，麥氏兄弟有意退休。雷・克洛以兩百五十萬美元買下了整個麥當勞企業，而後逐步擴大，建立了今天的麥當勞王國。

只要下決心去做，什麼事都不嫌太遲。年齡，對一個有勇氣的人來說，其實是無關緊要的。真正的衰老不是白髮皺紋，而是停止了學習與進取。

忙並不等於充實

朋友要在客廳裡掛一幅字畫，便請鄰居來幫忙，字畫已經在牆上扶好，正準備釘釘子。鄰居說：「這樣不好，最好釘兩個木塊，把字畫掛在上面。」朋友聽從了鄰居的意見，讓他幫著去找鋸子。剛鋸了兩三下，鄰居說：「不行，這鋸子太鈍了，得磨一磨。」

於是，鄰居丟下鋸子去找銼刀。銼刀拿來了，他又發現銼刀的柄壞了。為了給銼刀換一個柄，他拿起斧頭去樹林裡尋找小樹。就在要砍樹時，他發現那把生滿鐵銹的斧頭實在是不能用，必須得磨一下。

磨刀石找來後，鄰居又發現，要磨快那把斧頭，必須得用木條把磨刀石固定起來。為此，他又出去找木匠，說木匠家有現成的木條。

然而，這一走，朋友就再也沒有見鄰居回來。當然，那幅字畫，朋友還是一邊一個釘子把它釘在了牆上。第二天，朋友再見到鄰居的時候是在街上，他正在幫木匠從五金商店裡往外搬一台笨重的電鋸。

做任何事情要明確你的目的，不要為了忙而忙，到頭來白忙一場。現在問問自己為什麼而忙。忙並不等於充實，想要過充實的生活是並不需要多忙的——忙是沒有效率的人的推脫之詞。

李嘉誠的經商之忍

俗話說，人爲財死，鳥爲食亡。古往今來，不知多少人爲這一「財」字，弄得家破人亡，身敗名裂。但偏有這麼一個人，在商場上縱橫馳騁卻能以「忍」字當頭，舍利取義，他就是李嘉誠。

李嘉誠，原來是一名普通的推銷員，由於工作出色被老闆看中後當上經理，後來走上創辦「長江實業有限公司」之路，終於成了香港首富、華人經商的典範。李先生的創業，其成功祕訣之一，就是中國人用了五千年的法寶：「忍」。

李先生涉足房地產這塊肥地之際，便買下了香港唯一的水泥廠——青州水泥公司。誰知卻惹了一身的麻煩。首先是機器設備和工人素質大都跟不上，李先生每天都是拆了東牆補西牆，越補窟窿越大。其次，水泥廠地處九龍熱門地段，以前是荒無人煙的地方。可誰知沒用上三十年，風水就轉了，工廠周圍密密麻麻擠滿了「火柴盒」。水泥廠一開工，灰塵滿天，噪音貫耳，居民向政府寫的投訴信也跟水泥灰一樣多。

面對這麼多的投訴信，港督當然要出面維護一下自己親民、愛民形象，於是多次督促李先生的水泥廠趕快搬遷。任憑港督如何斥責，李先生仍然泰然處之，忍而不發，內心卻不停地盤算著，終於想出一招妙計。他請求香港政府另行批地給他遷辦工廠，申請因此而損失地價的政府補助，同時又請求在原工廠的地皮上蓋建住宅區。香港政府爲水泥廠的事早就無計可施了，此時見李先生主動申請，大喜過望，巴不得有這種爲民辦實事的機會。當即批准另行撥地，價格好說，不但低價補差極爲優惠，同時還把在原工廠位址上建住宅區的業務給了李先生的「長實」公司。

作為一名商人，適當地忍一下可能給自己帶來意想不到的收益。從所面臨的形勢出發，從商人能夠謀取的最大利益考慮，忍一時給你帶來的可能就是滾滾財源。

百發百中的祕密

湯瑪斯走下碼頭，看見一些人在釣魚。出於好奇，他走近去看當地有什麼魚。好傢伙，他看到的是滿滿一桶魚。

那個桶子是一位老頭的，他面無表情地從水中拉起線，摘下魚，丟到桶裡，又把線拋回水裡。他的動作更像一個工廠裡的工人，而不像是一個垂釣者在揣摩釣鉤周圍是否有魚。他知道魚會來的，無疑。

湯瑪斯發現，不遠的地方還有七個人在釣魚，老頭每從水中拉上一條魚，他們就大聲抱怨一陣，抱怨自己仍然舉著一根空竿。

這樣持續了半小時：老頭兒猛地拉線、收線，七個人嘟嘟囔囔地看他摘魚，又把線拋回去。這段時間其他人沒有一個釣上過魚，儘管他們只處在距老頭兒十幾米遠的地方。

真太有意思了！

這是怎麼回事？湯瑪斯走近想看個究竟。原來那些人都在鉤魚（指人們用一套帶墜兒的鉤兒沉到水裡猛地拉起，希望湊巧掛住一群游過去的小魚當中的某一條）。這七個人都拚命地在棧橋下面揮舞著胳臂，試圖釣起一群群游過的小魚中的某條魚。而那位老頭兒只是把鉤沉下去，等一會兒，感到線往下一拖，然後猛拉線，當然，他有魚釣上來了。

老頭兒收穫了魚，而他百發百中的祕密在於：只在鉤子上方用一點誘餌而已！他一把線放下去，魚就會開始咬餌食，他會感覺線動，然後再把魚鉤從厚厚的一群魚當中一拉，就中啦！

完全使湯瑪斯吃驚的不是那位老頭兒簡單的智慧，而是這樣一種事實：那一群老是抱怨的人看得很清楚老頭在幹什麼，他是怎樣使用最簡單的方法獲得超級效果的，但他們卻不願學習，因此他們沒有收穫！

許多人完全知道要成功他們必須做什麼，但他們遲遲不願採取正確的行動。成功的祕密是這樣的：不要只是想著採取行動，而是要採取正確的行動！

真心助人最終助己

他父親是位大莊園主。

他七歲之前，過著富裕的生活。二十世紀六○年代，他所生活的那個島國，突然掀起一場革命，他失去了一切。

當家人帶著他在美國的邁阿密登陸時，全家所有的家當，是他父親口袋裡一疊已被宣佈廢止流通的紙幣。

爲了能在異國他鄉生存下來，從十五歲起，他就跟隨父親工作。每次出門前，父親都這樣告誡他：只要有人答應教你英語，並給一頓飯吃，你就留在那兒給人家幹活。

他的第一份工作是在海邊小飯館裡做服務生。由於他勤快、好學，很快得到老闆的賞識。爲了能讓他學好英語，老闆甚至把他帶到家裡，讓他和他的孩子們一起玩耍。

一天，老闆告訴他，給飯店供貨的食品公司將招收行銷人員，假若樂意的話，他願意幫助引薦。於是，他獲得了第二份工作，在一家食品公司做推銷員兼貨車司機。

臨去上班時，父親告訴他：「我們祖上有一遺訓，叫『日行一善』。在家鄉時，父輩們之所以成就了那麼大的家業，都得益於這四個字。現在你到外面去闖蕩了，最好能記著。」

也許就是因爲那四個字吧！當他開著貨車把燕麥片送到大街小巷的店時，他總是做一些力所能及的善事，比如幫店主把一封信帶到另一個城市，讓放學的孩子順便搭一下他的車。就這樣，他開心的工作了四年。

第五年，他接到總部的一份通知，要他去墨西哥，統管拉丁美洲的行銷業務，理由據說是這樣的：該職員在過去的四年中，個人的推銷量占佛羅里達州總銷售量的百分之四十，應予重用。

後來的事，似乎有點順理成章了。他打開拉丁美洲的市場後，又被派到加拿大和亞太地區；一九九九年，被調回了美國總部，任首席執行官。

就在他被美國獵頭公司列入可口可樂、高露潔等世界性大公司首席執行官的候選人時，美國總統布希在競選連任成功後宣佈，提名卡洛斯‧古鐵雷斯出任下一屆政府的商務部部長。這正是他的名字。

現在，卡洛斯‧古鐵雷斯這個名字已成為「美國夢」的代名詞。

一個人的命運，並不一定取決於某一次大的行動，更多的時候，取決於他在日常生活中的一些小小的善舉。凡真心助人者，最後沒有不幫到自己的。

董事長的招聘題

某公司的一個重要部門出現了空缺職位，董事長決定聘用一位德才兼備的人來擔此大任。可是，接連幾天的招聘，都沒有一個人可以通過董事長的「考試」。

正當這時，一位三十歲左右的留美博士前來應徵。不料，董事長通知他凌晨一點去參加考試，考試的地點是董事長的家裡。留美博士凌晨一點準時按響了董事長家的門鈴，但許久不見有人前來開門，直到早上八點，董事長才將他請進屋裡，準備應答考題。

董事長問他：「年輕人，你會寫字嗎？」博士回答道：「會。」董事長拿出一張白紙讓他在上面寫一個做人的「人」字。寫完後，董事長平靜地說：「今天的考試就到這吧！你可以回去了。」

博士不解地問道：「就這樣嗎？」

董事長深深地點點頭。

第二天，該公司召開了董事會，董事長鄭重地宣佈，該名博士是最後獲得總經理位置的人。他說：「一個這麼年輕的博士，論才學與智慧絕對不是考慮的問題，所以我爲他出了一個更爲困難的題目。首先，我要他凌晨一點來我家參加考試，是考驗他的犧牲精神，他做到了；我又讓他在門外空等了七個小時，這是考驗他的忍耐力，他也做到了；接著我又考了他的脾氣，看他是否在見到我時對我大發雷霆，然後摔門而去，結果他沒有，見到我以後仍然是笑容滿面，這項考驗他也通過了；最後，我又考驗了他的態度，我讓他寫一個連五歲小孩都會寫的字，他也肯寫，說明他具備了謙虛的態度。像他這樣德才兼備的人，我們公司怎麼能放棄呢？所以我決定從現在開始起用他。」

做事即做人，一個行為不得體的人很難在工作中有卓越的表現。一個人要想獲得成功，僅靠淵博的知識是不夠的，你的一舉一動，一言一行，都可能左右著你未來的成就。

凡事需要量力而行

一位武術大師隱居於山林中。人們都千里迢迢來跟他學武。

人們到達深山的時候，發現大師正從山谷裡挑水。他挑得不多，兩個木桶裡水都沒有裝滿。

人們不解地問：「大師，這是什麼道理？」

大師說：「挑水之道並不在於挑多，而在於挑得夠用。一味貪多，適得其反。」

眾人越發不解。

大師笑道：「你們看這個桶。」

眾人看去，桶裡畫了一條線。大師說：「這條線是底線，水絕對不能超過這條線，否則就超過了自己的能力和需要。開始還需要畫一條線，挑的次數多了以後就不用看那條線了，憑感覺就知道是多是少。這條線可以提醒我們，凡事要盡力而爲，也要量力而行。」

眾人又問：「那麼底線應該定多低呢？」

大師說：「一般來說，越低越好，因爲這樣低的目標容易實現，人的勇氣不容易受到挫傷，相反會培養起更大的興趣和熱情。長此以往，循序漸進，自然會挑得更多、挑得更穩。」

在制定和規劃自己目標時一定要「取法乎上」，但一定不要太脫離自己的實際情況。挑水如同武術，武術如同做人。循序漸進，逐步實現目標，才能避免許多無謂的挫折。

曾國藩為官之忍

從偏僻的山坳中走出來的一個農家子弟，卻變成一個「暮登天子堂」的中興名將，曾國藩的影響及於後世近百年政壇中的重要人物，曾國藩（一八一一到一八七二）是中國歷史上最有影響的人物之一。他從湖南雙峰一個偏僻的小山村以一介書生入京赴考，中進士留京師後十年七遷，連升十級，三十七歲任禮部侍郎，官至二品。緊接著因母喪返鄉，恰逢太平天國巨瀾橫掃湘湖大地，他因勢在家鄉拉起了一支特別的民團湘軍，歷盡艱辛爲清王朝平定了天下，被封爲一等勇毅侯，成爲清代以文人而封武侯的第一人，後歷任兩江總督、直隸總督，官居一品，死後被謚「文正」。

曾國藩所處的時代，是清王朝由乾嘉盛世轉而爲沒落、衰敗，內憂外患接踵而來的動盪年代，由於曾國藩等人的力挽狂瀾，一度出現「同治中興」的局面，曾國藩正是這一過渡時期的重心人物，在政治、軍事、文化、經濟等各個方面產生了令人注目的影響。這種影響不僅僅作用於當時，而且一直延至今日，從而使之成爲近代中國最顯赫和最有爭議的歷史人物。毛澤東直到晚年，仍稱曾國藩是「地主階級中最厲害的人物」，並「獨服曾文正」。

人生在世，時空都在變，世態也在變，因此人們一定都經歷著各種各樣的境遇，而每一種境遇的抉擇，往往都不同程度地影響著以後的命運，曾國藩怎樣由一介書生而成爲一個「中興」名臣？如何把局面做得越來越大，以至連皇帝都懼怕他三分？這要歸功於他的爲官之道，曾國藩一直以隱忍克制的心態在官場中立足，他的爲官之道正可謂是增一分太多，減一分太短，恰到好處。

為保持自己來之不易的功名富貴，就要事事謹慎，處處謙卑，古人說得好：「花未全開月未圓」。因為月盈則虧，日中則昃，鮮花完全開放了，便是凋落的徵候。

教授與文盲

有人問瑪律克斯：「你成爲一位偉大的思想家，成功的關鍵是什麼？」

「多思多想！」瑪律克斯回答。

這人滿懷「心得」，回去躺在床上，望著天花板，一動也不動，開始多思多想。

一個月以後，瑪律克斯在回家的路上，碰見了那人的妻子，她對瑪律克斯說：「求你去見我丈夫一面吧，他從你那兒回來後，就像中了魔一樣。」

瑪律克斯到了那人的家一看，只見那人變得骨瘦如柴，拼命掙扎著爬起，對瑪律克斯說：「我每天除了吃飯，一直在思考，你看我離偉大的思想家還有多遠？」

「你整天只想不做，那你思考了些什麼呢？」瑪律克斯問。

那人道：「想的東西太多，頭腦裡都裝不下了。」

「我看你除了腦袋上長滿頭髮，收穫的全是垃圾。」

「垃圾？」

「只想不做的人只能生產思想垃圾。成功是一把梯子，雙手插在口袋裡的人是爬不上去的。」瑪律克斯答道。接著，他舉了這樣一個例子：

從前，有一位滿腦子都是智慧的教授與一位文盲相鄰而居。儘管兩人地位懸殊，知識水準、性格有天壤之別，可是兩人有一個共同的目標：如何儘快富裕起來。

每天，教授蹺著二郎腿大談特談他的致富經，文盲在旁虔誠地聽著，他非常欽佩教授的學識與智慧，並且開始依著教授的致富設想去實現。

若干年後，文盲成了一位百萬富翁，而教授還在空談他的致富理論。

目標再偉大，如果不去落實，就永遠只能是空想。成功在於意念，更在於行動。制定目標是為了達到目標，目標制定好之後，就要付諸行動去實現它。如果不化目標為行動，那麼制定的目標就成了毫無意義的東西。

改變命運的大頭針

法國著名的銀行大王賈庫・多肯年輕時，家境清貧，他曾經有一段時間找不到工作，賦閒在家，依靠父母過日子。有一天，他自告奮勇，到貝洛銀行找董事長，請求他雇用自己。

多肯滿懷信心而來，然而只見一面之後，就被董事長斷然拒絕，送出門外了。

這種碰一鼻子灰最後無功而返的經歷，對多肯來說早已經習慣了，他已經第五十二次被人拒之於千里之外了。爲了謀生，爲了求職，他已不再在乎這些。他走出銀行時，看見銀行大門前面的地板上有一枚大頭針。如果有人因爲它而受傷影響工作，這多不好呀！於是他彎下腰身，把大頭針拾了起來，走了。

第二天，銀行錄用他的通知單來了，這件意外的喜事，差點兒使他高興得哭起來。

原來，他在走出大門時，彎身拾起大頭針的舉動被董事長看見了。董事長頓時收回成命，改變了主意。因爲在董事長看來，如此小心，連地上一枚大頭針也不放過的人，很適合在銀行當職員，所以才改變主意雇用他，讓他去上班。

賈庫‧多肯從此走上了新的境界。他是一個做任何事都力求善始善終決不半途而廢的人。他絕對不會粗心大意，細緻到連一件細如大頭針的東西也不放過。正因爲他做事不甘心失敗受挫，一次又一次地堅持下去，所以才得以在法國銀行界立足，終於功成名就、平步青雲。

世事艱辛不如意者十有八九，不必因不平而洩氣，也不必因挫折而煩惱，只要自己努力，機會總會有的。

好運眷顧努力不懈的人

身高只有一百四十五公分的原一平，貌不驚人，可是在日本的人壽保險界裡，他卻是一位響噹噹的人物。因爲他在同行業中連續十五年奪得了全國業績第一，被日本人尊稱爲「推銷之神」。

原一平六十九歲時，一次應一家人壽保險公司的邀請做公開演講。在演講會上，有人問他推銷成功的祕訣。他當場脫掉鞋襪，請提問者走到講壇上，說：「請您摸摸我的腳底。」發問者莫名其妙，但也只好照原一平說的做了。

原一平問：「您覺得怎麼樣呢？」

提問者說：「您的腳底皮好厚啊！」

「不錯，我的腳皮特別厚，您知道這是爲什麼嗎？」

「爲什麼呢？」

「因爲我走的路比別人多，比別人跑得勤，所以腳皮特別厚。」

提問者這才恍然大悟，道謝而去。

原來，原一平的意思是說，他推銷成功的祕訣唯有「勤」字而已。

原一平在從事推銷人壽保險工作之初，因爲沒有固定收入（沒有固定薪金，收入完全來自成交額提取的傭金），所以有三年多的時間，不吃中餐（沒錢吃），不搭電車（沒錢搭車），每天用那雙勤奮的腳，馬不停蹄地推銷。

他平均每個月用掉一千張名片，每天一定要訪問十五位準客戶，沒訪問完就決不作罷。他經常因受訪者不在，而在晚餐後再去訪問，常常是晚上十一點後，才能回家休息。

由於他訪問勤快，五十年來，他累積了二萬八千個準客戶，這就是他被譽爲「推銷之神」的由來。原一平以自己的切身體驗，深有感觸地說，「好運」眷顧努力不懈的人。

努力不懈、自強不息，這是成功者的基本素質。有幾分耕耘，就有幾分收穫，這是一條鐵的規則。很多人都沒有實現夢想，是因為他們沒有進行讓夢想變成現實的努力。

※為保障您的權益，每一項資料請務必確實填寫，謝謝！

姓名		性別	□男　□女
生日	年　月　日	年齡	
住宅地址	郵遞區號□□□		
行動電話		E-mail	

學歷

□國小　□國中　□高中、高職　□專科、大學以上　□其他______

職業

□學生　□軍　□公　□教　□工　□商　□金融業

□資訊業　□服務業　□傳播業　□出版業　□自由業　□其他______

謝謝您購買 生命日記：最簡單的故事，最珍貴的啟示 與我們一起分享讀完本書後的心得。務必留下您的基本資料及電子信箱，使用我們準備的免郵回函寄回，我們每月將抽出一百名回函讀者，寄出精美禮物以及享有生日當月購書優惠！想知道更多更即時的消息，歡迎加入"永續圖書粉絲團"

您也可以使用以下傳真電話或是掃描圖檔寄回本公司電子信箱，謝謝！

傳真電話：（02）8647-3660　　電子信箱：yungjiuh@ms45.hinet.net

●請針對下列各項目為本書打分數，由高至低5～1分。

	5 4 3 2 1		5 4 3 2 1
1.內容題材	□□□□□	2.編排設計	□□□□□
3.封面設計	□□□□□	4.文字品質	□□□□□
5.圖片品質	□□□□□	6.裝訂印刷	□□□□□

●您購買此書的地點及店名______

●您為何會購買本書？

□被文案吸引　□喜歡封面設計　□親友推薦　□喜歡作者

□網站介紹　□其他______

●您認為什麼因素會影響您購買書籍的慾望？

□價格，並且合理定價是______　□內容文字有足夠吸引力

□作者的知名度　□是否為暢銷書籍　□封面設計、插、漫畫

●請寫下您對編輯部的期望及建議：

221-03
新北市汐止區大同路三段194號9樓之1
傳真電話：（02）8647-3660
E-mail：yungjiuh@ms45.hinet.net

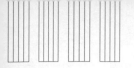

培育

文化事業有限公司

讀者專用回函

生命日記：
最簡單的故事，最珍貴的啟示

培 養 文 化 育 智 心 靈 的 好 選 擇